Dove trovare questo manuale:

www.ace5handbook.com
www.etcontacthub.com
www.amazon.com

Copyright © 2020

Dedicato ai nostri figli e a tutti i bambini del mondo.

Riconoscimenti:
Grazie! Al nostro team di Calgary che ha co-creato e contribuito per molti anni: Mamma, Jan, Mark, Rosemary, Graham, Jason, Randy, Jackie, Hudson, Edwin, Shelley, Gustavo, Corinne, Nick, Jerry, Steve, Stephan, Brigitte, John, Kathy, Marty, Duncan, Cliff, Brian con il cappello e Josh! Un GRANDE ringraziamento anche ai nostri maggiori collaboratori, in particolare a Mark Koprowski del CE-5 Tokyo. Mark è un appassionato della CE-5 e un meraviglioso scrittore ed editore, che non si è limitato ad editare la copia, ma ha condiviso la stessa visione e ha dato forma a nuovi passaggi che erano esattamente ciò che andava condiviso, oltre ad aiutarmi ad appianare il mio. Inoltre, Deb Warren, dell'OCSETI (Okanagan CSETI), il nostro mentore fidato ed esperto, che ha dedicato una gran parte della sua vita a questo movimento e a noi. Altri hanno aiutato molto: Kosta Makreas, fondatore del People's Disclosure Movement e di ETLet'sTalk, Annie Bee che è la straordinaria webmaster di ET Let's Talk e un'amica anonima. Tra i suoi collaboratori ci sono anche: Hollis Polk, Rob Smith, Cheryl, Lisa Kirkman, Joe Sanok, John Smythe, Linda A-Roraha, Tim Woodruff, Charles Brydges, Buddy e Kat di Alien Protocols, Jeremy e Doug di CE-5 Aotearoa, Jeremy che ama Billy Miner Pie, Matt Maribona, Tiffany, Una Scott, Don Daniels, "Little Grandmother" Kiesha Crowther, Lyssa Royal Holt, John & Brooke Vivanco, James Gilliland e Robert Bingham. Siamo così grati per tutto l'aiuto che abbiamo ricevuto - la collaborazione con tutti voi ha fatto di tutto questo una gioia da creare.

INDICE

Prima parte: Introduzione al CE-5

Cos'è un "CE-5"? 6
Benvenuti nel "Un manuale di CE-5"! 7
La storia della CE-5 8
La nostra storia di Calgary CE-5 10
Elementi chiave 11
    1. Connessione alla coscienza di una sola mente.. 11
    2. Un cuore sincero 12
    3. Intenzione chiara 13
Altri elementi utili 14
    "Good, good, good, good, good vibrations"........ 14
    Coerenza e coesione del gruppo 18
    Credere = Vedere 22

Seconda parte: Grinta/Come fare / Mettersi al lavoro

Unirsi agli altri 26
Dove trovare le persone 27
Ritiri 28
Gestire un gruppo 29
Scegliere un luogo 30
Il vostro primo CE-5 32
Orientamento 34
Tenere un registro 37
Attrezzatura 38
    Non utilizzare un puntatore laser 40
    Applicazioni 42
    Dispositivi per ricevere la comunicazione con ... 44
    Dispositivi per registrare gli avvistamenti 46
    Foto 48
Comunicazione interiore................................... 50
Comunicazione esterna 52
Meditazioni 58
    Visione di un nuovo mondo 62
    Iniziativa globale CE-5 64
    L'Uno Universale 65
    Ogni momento è una meditazione 66
    Età dell'oro 67

(Meditazioni parte due)
    Incontrare un'Entità 68
    Rapida e sporca 70
    Consiglio Interplanetario 72
    Energia risonante 74
    Pulizia 76
        Pulizia dei chakra 76
        Cura delle influenze negative/pulizia 77
        Purificarsi respirando l'energia della Terra.. 78
    Ancoraggio e meditazione
    dell'energia cosmica 80
    Ancoraggio durante la meditazione
    da sdraiati 84
Visione remota 86
Comunicazione bio-elettromagnetica 88
Musica e suono 90
    Puja 92
    Tonificazione e ronzio 94
    Altro materiale sonoro 95
Esempi di agende CE-5 96
Risoluzione dei problemi 100
Un avvistamento in sei uscite 103

Terza parte: Opinioni editoriali /Appendice

Falsi allarmi 106
Venerdì 107
Energia gratuita 108
Cambiare il mondo 109
The People's Disclosure Movement 110
Attenzione alla divisione 112
Come distruggere un movimento 113
Il futuro 114
Ce-5 Modelli di diario 116
"Chi è chi nello zoo" 124
Media consigliati 126
Glossario dei termini 128

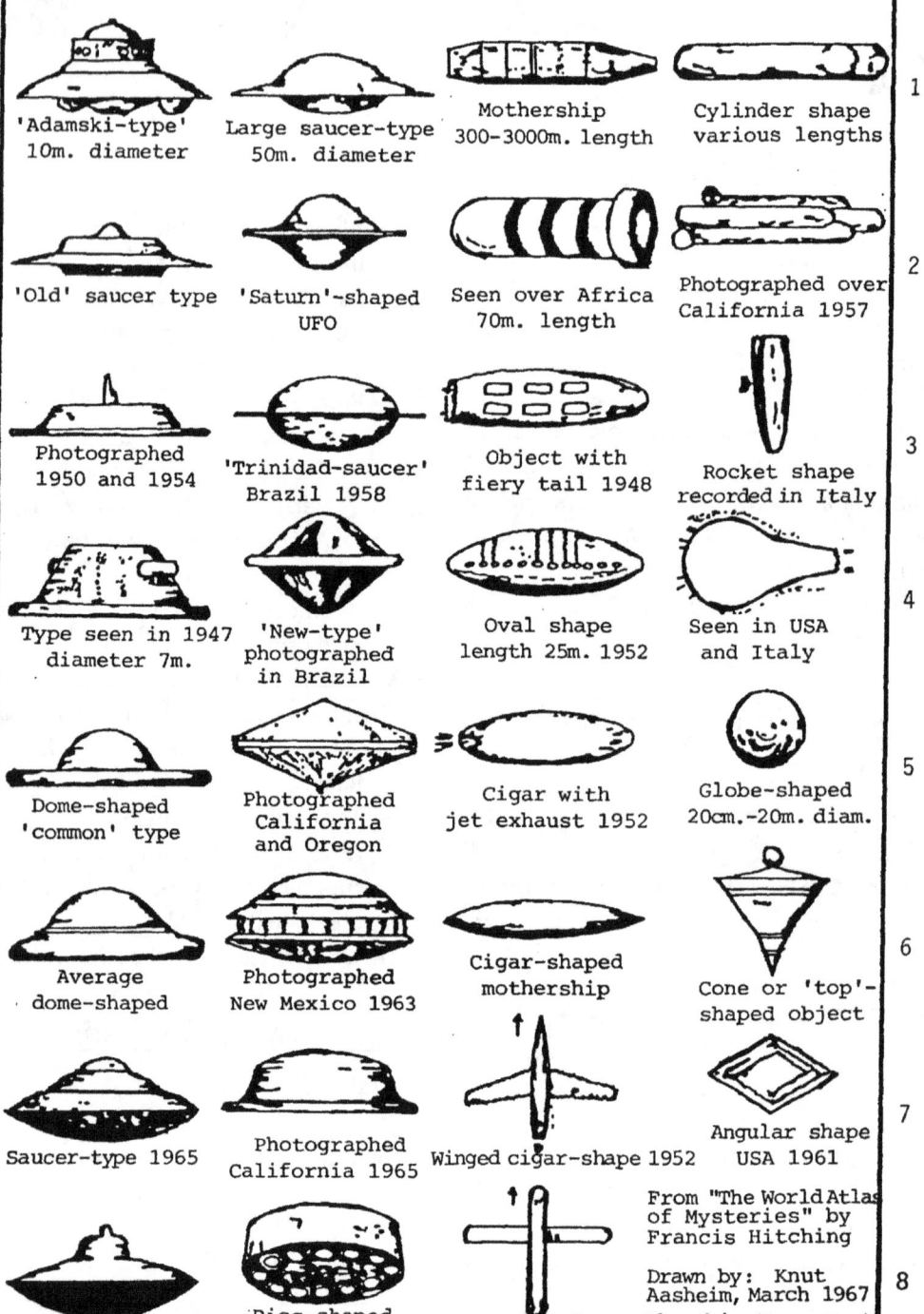

PRIMA PARTE:

INTRODUZIONE AL CE-5

COS'È UN "CE-5"?

CE-5 è un acronimo che sta per: "Incontri ravvicinati del quinto tipo".

'Incontro ravvicinato' è un termine inventato dal Dr. J. Allen Hynek, che studiò gli Oggetti Volanti Non Identificati (UFO) con l'Aeronautica Militare degli Stati Uniti tra il 1947 e il 1969. L'originale sistema Hynek per la classificazione degli incontri ravvicinati comprendeva tre tipi, i ricercatori che gli sono seguiti hanno poi fatto nuove aggiunte alla lista. Gli Incontri ravvicinati possono essere per lo più divisi in due gruppi:

- I primi quattro tipi di contatto, CE-1, 2, 3 e 4, sono tutti quelli in cui l'incontro con un UFO o un Extra-Terrestre (ET) è di natura passiva; sono incontriaccidentali o indiretti, oppure quelli in cui sono gli ET a dare inizio all'incontro. Se uno di questi incontri avviene, succede spesso al di fuori del nostro controllo.

- Un CE-5, d'altra parte, è il caso in cui sono gli esseri umani a iniziare attivamente il contatto, e dove sosteniamo una comunicazione bilaterale pacifica con gli ET.

"Come è fatto un CE-5?" Si può fare in molti modi, ma la maggior parte delle volte, un CE-5 avviene quando una o più persone si riuniscono per meditare e inviare un messaggio ai nostri amici ET. Si ricevono indietro messaggi interiori ed esteriori. I CE-5 sono più spesso fatti sul campo, sotto le stelle, per consentire l'avvistamento di UFO da parte di più testimoni oculari.

Quando Hynek iniziò a studiare gli UFO, era molto scettico. Ma approfondendo l'argomento, si convinse che non tutti gli UFO potevano essere spiegati semplicemente. Alla fine dei suoi anni di ricerca, fece questa audace dichiarazione riguardo all'Intelligenza Extra-Terrestre (ETI) e all'Intelligenza Extra-Dimensionale (EDI): "Ci sono prove sufficienti per difendere entrambi."

BENVENUTI NEL "UN MANUALE DI CE-5"!

È nostra intenzione fornire una guida pratica e facile da seguire che potrete portare con voi sul campo per entrare in contatto con la nostra famiglia delle stelle.

Perché stabilire un contatto? Potreste essere sorpresi di sapere che lo scopo della comunicazione con gli extraterrestri non è quello di ottenere un avvistamento visivo o di cercare di salvare il mondo. Lo scopo di questo straordinario dialogo è in realtà **il dono dell'espansione della propria coscienza.**

In questo contesto, vedere la tecnologia aliena o imbrigliare l'energia libera è irrilevante! Ma, con il tempo, questi risultati si manifesteranno naturalmente come prodotto della nostra evoluzione.

Ognuno di voi ha il proprio unico percorso per trovare il vostro "io" più grande. Selezionate e scegliete tra le tecniche qui descritte, e che possano queste darvi ispirazione per creare le vostre formule di contatto.

Ci auguriamo che vi piaccia creare esperienze ricche, emozionanti ed edificanti con i nostri amici ET.

L'espansione della coscienza è divertente.

Buon divertimento!

LA STORIA DELLA CE-5

I protocolli di contatto CE-5 sono stati co-creati dal Dr. Steven Greer e da diversi extraterrestri nel 1973. Gli esseri condivisero con Greer l'importanza di insegnare questo protocollo agli esseri umani, cosa che egli iniziò a fare seriamente qualche decennio dopo. Il contatto iniziato dall'uomo esiste anche al di fuori del protocollo che gli è stato impartito. Alcuni esempi:

- Nel corso della storia, gli sciamani delle culture indigene di tutto il mondo hanno sempre avuto una connessione fluida con ET.

- Il 15 marzo 1954, un gruppo di cercatori inviò un messaggio telepatico nello spazio, designando il giorno come "Giornata mondiale del contatto". Da allora hanno tenuto molte sessioni e attribuiscono all'evento un picco di avvistamenti di UFO in quel giorno.

- Negli anni '60 gruppi di *hippies* negli Stati Uniti e nel Regno Unito hanno inviato e ricevuto messaggi da ET.

- Nel 1974, Sixto Paz Wells e il gruppo peruviano "Rahma" iniziarono a inviare e ricevere comunicazioni, tra cui l'invito alla stampa internazionale a confermare e riferire da parte di più testimoni degli avvistamenti di UFO che erano stati programmati in anticipo.

Il Dr. Greer ha fondato il gruppo CSETI (Centro per lo Studio dell'Intelligenza Extraterrestre) nel 1990. Nel corso di molti anni, con il Dr. Greer che ha implementato e insegnato i protocolli di contatto attraverso quel gruppo, e attraverso l'organizzazione unificante di Kosta Makreas "The People's Disclosure Movement", il nome 'CE-5' si è diffuso in tutto il mondo. Molti gruppi diversi prendono contatto sia ispirandosi al CE-5 sia a modo loro. Anche se nessuno sa esattamente quanti individui o gruppi partecipano regolarmente al CE-5 in tutto il mondo, si stima che siano migliaia... e in crescita.

Il protocollo originale prevede la connessione alla coscienza di una sola mente e l'utilizzo della visione remota, cercando di vettorare gli ET e mostrare loro dove vi trovate. Vengono riprodotti i toni che sono stati registrati in altri avvistamenti/cerchi nel grano, vengono utilizzati laser astronomici e altri tipi di apparecchiature. Il Dr. Greer sarebbe la prima persona a dire che non è necessario fare un CE-5 solo secondo la sua interpretazione e progettazione. Seguire alla lettera le indicazioni di qualcun altro non ha nulla a che fare con il fatto che si stabilisca o meno un contatto. Sarete in grado di stabilire un contatto quando sarete pronti, a modo vostro. La cosa più importante da trarre da questo documento è che il miglior protocollo viene fuori quando si seguono le proprie indicazioni e lo si fa a modo proprio.

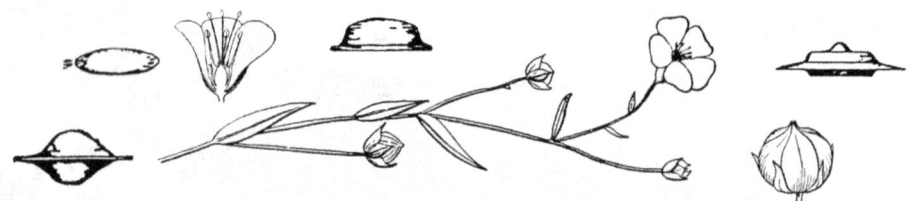

> *"Sixto" e "Kosta" sono nomi fichi. Voglio saperne di più su di loro".*
> Andate a vedere "Chi è chi nello Zoo" sul retro di questo documento per leggere le biografie dei principali personaggi del mondo CE-5.

"Chi stiamo contattando?"
ET? Esseri Celestiali? Spiriti? Entità energetiche?

I vecchi paradigmi presupporrebbero che stiamo contattando degli alieni fisici che volano fisicamente su un'astronave fisica. Questo potrebbe essere vero: alcuni ET potrebbero essere entità fisiche di un tipo che noi possiamo comprendere come comprendiamo la realtà 3D... Ora, tuttavia, possiamo logicamente dedurre dagli avvistamenti, dalle esperienze e dai fenomeni osservati nella storia dell'ufologia che molti, se non tutti, degli ET hanno capacità interdimensionali. Essi possono associarsi con, o addirittura **essere** entità non fisiche o spirito/fonte. In ogni caso, sappiamo che stiamo contattando esseri benevoli che sono prevalentemente interessati all'espansione della coscienza dell'umanità e la cosa più importante che portano al nostro dialogo è l'amore. Come facciamo a saperlo? Perché le nostre esperienze interiori ed esteriori sono state tutte positive e non "otteniamo" degli avvistamenti a meno che non proveniamo noi stessi da un luogo d'amore.

"E se vi sbagliate?" Se non comunichiamo con entità benevole di qualche tipo, allora l'unica spiegazione per le nostre esperienze è che, individualmente o in gruppo, noi esseri umani hanno la capacità di manifestare nella realtà ciò che vogliamo o che ci aspettiamo. Quale sarebbe il significato di tutto questo, se così fosse? Che non potremmo manifestare questi incredibili risultati senza amore, e che stiamo solo cercando di capire il nostro potenziale. Questo è altrettanto bello.

LA NOSTRA STORIA DI CALGARY CE-5:

Nel 2013 io e un amico guardammo il documentario *Sirius*. Eravamo così eccitati che abbiamo formato un gruppo CE-5. La nostra prima uscita fu un giorno d'estate con un cielo azzurro limpido, tranne che per un piccolo gruppo di nuvole che feci notare al gruppo: "Non sembra la parola 'Ciao'?" Ne ridemmo tutti e tornammo alla nostra meditazione. Avremmo dovuto fare una foto! Ora credo che fosse un sottile benvenuto da parte dei nostri amici delle stelle. Per tre anni abbiamo avuto esperienze interiori. A volte qualche singolo vedeva dei fenomeni anomali. Eravamo frustrati dal fatto che non avevamo avvistamenti da parte di più testimoni. Poi alcuni di noi si recarono al Monte Shasta a un ritiro organizzato dall'inimitabile e meraviglioso Kosta Makreas. Che sorprendente esperienza di contatto! Una volta tornati, sapevamo meglio cosa cercare nei cieli di sopra. Da allora, l'ultimo anno è stato un meraviglioso spettacolo di (in ordine crescente di indiscutibilità):

- Molti "presunti meteoriti". (L'anomalia principale di questi è il loro grande numero, soprattutto se si considera che le nostre notti non sono le notti delle piogge di meteoriti).
- Molti "presunti satelliti". Alcuni di questi scintillano, lampeggiano e/o si accendono.
- Anomali colori scintillanti nell'ammasso stellare delle Pleiadi.
- Una luce più brillante di quella di un pianeta, apparsa attraverso una nube - quando la nube si è dissipata, la luce è sparita.
- Moltitudini di flash, e serie di flash. (Piccoli lampi di luce come un flash di una macchina fotografica: si rimanda al glossario per altri nuovi termini). Per due volte ne abbiamo osservate più di 50 di fila che attraversavano il cielo.
- Quattro luci volanti basse molto luminose, una abbastanza bassa da passare attraverso una nuvola e illuminarla. (Le abbiamo osservate entrambe rallentare fino quasi a fermarsi all'orizzonte).
- Un grande globo che lentamente scendeva dal cielo come una piuma che cadeva a terra.
- Una luce molto luminosa che si muoveva, si fermava, si muoveva, si fermava di nuovo e poi si allontanava.

Siamo davvero entusiasti di vedere cosa ci sarà dopo. Quei tre anni di magra sono stati necessari per noi - dovevamo maturare molto prima di essere pronti ad avere avvistamenti. Non pensate che ci vorrà così tanto tempo per vedere qualcosa! Ultimamente gli avvistamenti sono stati più frequenti e più facili da ottenere. Ora le persone che ci trovano hanno avvistamenti nella loro prima notte sul campo. Se implementate le raccomandazioni di questo manuale, crediamo che otterrete un avvistamento entro sei uscite.

Cielia e il Gruppo CE-5 di Calgary

ELEMENTI CHIAVE:

Seguire o meno i protocolli originali CSETI dipende da voi.
Qualunque cosa facciate, ci sono tre elementi chiave che sono necessari per stabilire un contatto:

1. Connessione alla coscienza di una sola mente

2. Un cuore sincero

3. Intenzione chiara

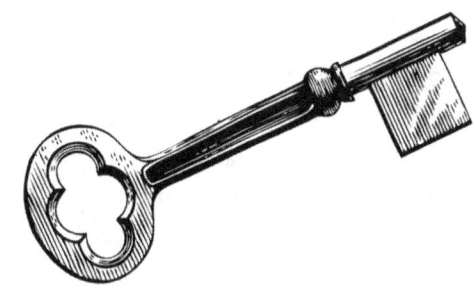

1. CONNESSIONE ALLA COSCIENZA DI UNA SOLA MENTE

Dovrete connettervi alla Fonte tanto nella vostra vita quotidiana che durante i CE-5. Se guidi un gruppo, incoraggerai gli altri ad accedere allo stato di unicità con tutto ciò che è. Ecco alcune tecniche per insegnare a voi stessi e agli altri come accedere all' Uno Universale:

- Cominciate con la consapevolezza della vostra stessa coscienza e diffondetela intorno a voi, unendovi a quella di tutti e di tutto ciò che è vicino a voi... l'erba, gli alberi, gli altri del vostro gruppo, le persone dei quartieri vicini, le persone che guidano sulle strade. Permettete alla vostra coscienza consapevole di espandersi nella loro e immaginate ciò che essi sentono e percepiscono mentre vivono la loro vita.

- Distaccatevi dalla vostra coscienza individuale. Osservatevi dal punto di vista di un uccello. Siate la coscienza più grande, al di là dell'individuo. Guardatevi dall'alto. Nominate voi stessi: "Ecco Jason, seduto lì con il suo gruppo. Sembra che si stia divertendo".

- Espandi il confine di chi sei in lungo e in largo, al punto che tutto il tuo corpo racchiuda l'intero universo. Tu sei l'universo. Tutte le stelle, le galassie, le nebulose e i pianeti esistono tutti tra le tue braccia, le tue gambe, il tuo busto e la tua testa. Visualizzate l'attività delle stelle che nascono e muoiono, la vita su altri pianeti, i grandi movimenti dei sistemi solari... e includete il traffico spaziale intergalattico!

- Sappiate che non esistono passato e futuro. Tutto è adesso. Se tutto è ora, e ogni momento sta accadendo simultaneamente, E se la reincarnazione fosse reale, non sarebbe possibile che ogni persona che incontri sia una versione di te stesso che vive una vita diversa? Immaginate cosa significa essere le altre persone del vostro gruppo. Immaginate quando le guardate che vi guardate allo specchio in quel momento.

- Visualizzate voi stessi collegati a tutti. Ci sono fili invisibili che ti collegano da cuore a cuore? Un cavo al tuo plesso solare? Visualizzate l'estensione di voi stessi che si connette con tutte le altre forme di vita in una rete di luci interconnesse.

- Tieni amente la consapevolezza che l'energia non muore mai, che ogni azione ti collega al mondo e a tutti quelli che ti circondano. Pensate all'effetto farfalla.

- Ricorda che se tu non esistessi, niente di tutto questo potrebbe esistere. Davvero. Tu sei parte integrante del tutto.

- Sappiate che siete parte di Dio/ della Fonte/ del cosmo/ dell'universo/ di tutto ciò che è/ del creatore. Cosa vedi o senti guardando attraverso i tuoi occhi, sapendolo? Come ti sentiresti ad essere Dio (o ecc.), e guardare attraverso i tuoi occhi?
- Semplicemente sii nel momento. Rimani in silenzio e lascia ogni pensiero che insorge fluttuare via semplicemente. Respira. Scivola nel vuoto, apprezza e senti l'amore.

È molto utile per la vostra pratica CE-5 connettersi regolarmente a una coscienza per diventare più abili nell'accedere a questo stato d'animo. Se non riuscite a capire queste tecniche, non preoccupatevi. Conosciamo alcune persone che lottano con la meditazione e la visualizzazione, eppure i loro spiriti gentili, umili e grati li collegano alla coscienza di una sola mente in un modo fermo che forse eclissa l'intento periodico e cosciente.

2. UN CUORE SINCERO

Avvicinarsi a questa pratica con affetto

Niente da dimostrare

Genuinità

3. INTENZIONE CHIARA

Perché lo stai facendo?

- Per facilitare la tua crescita
- Permettere e ricevere guarigioni
- Per elevare l'umanità
- Un'iniziativa diplomatica
- Per darti energia/fornire a te stesso speranza
- Per ricevere il dono degli avvistamenti
- La conferma che non siamo soli
- Documentazione delle prove
- Una richiesta di intervento cosmico
- Mostrare disponibilità e prontezza per il prossimo passo del contatto
- Per andare più velocemente verso dispositivi ad energia libera e libertà per l'umanità
- Per aiutare a stabilizzare e dare armonia alla terra
- Per fare qualcosa per dare un mondo migliore ai nostri figli
- Per divertirsi!
- Etc.

Chiarite le vostre intenzioni prima di iniziare e chiaritele man mano che procedete. L'intenzione può cambiare man mano che si cambia, sia durante un CE-5 che nella vita quotidiana. Potete avere intenzioni diverse allo stesso tempo.

Intenzioni durante un CE-5:
Quando iniziate il CE-5, fissate che intenzione avrete per la notte con il vostro gruppo come parte della vostra apertura. Potete fare un giro e chiedere alle persone di condividere la loro intenzione, oppure potete chiedere ad un volontario di parlare e fornire un'intenzione di gruppo su cui tutti possano essere d'accordo.

Durante il lavoro di contatto, potete anche spostare o aggiungere qualcosa man mano che procedete. Per esempio, se avvistate un presunto satellite, come gruppo, potete unire le vostre menti e i vostri cuori e chiedere di cambiare direzione o di accenderlo, o che una navicella si avvicini. Se le nuvole sono d'intralcio, potete tentare un'attività per farle allontanare insieme. Oppure potete chiedere che le zanzare se ne vadano o che il gruppo si senta più caldo.
Potreste voler fare una guarigione di gruppo per qualcuno lì. Mandare un'intenzione là fuori come gruppo amplifica l'intenzione in modo esponenziale - per saperne di più su questo, fate riferimento agli studi scientificamente convalidati fatti su come l'MT (Meditazione trascendentale) riduca i tassi di criminalità urbana fino al 70%.

Quando concludete il vostro lavoro sul campo, fissate alcune intenzioni per il tempo che segue il CE-5, ricordandovi a vicenda di tenere gli occhi e gli altri sensi aperti per una potenziale comunicazione sul viaggio di ritorno a casa, durante il sonno e nei giorni successivi.

> *"Cos'è un Power-up?"* Per una definizione di questo e di altri termini sconosciuti, consultate il glossario in fondo.

ALTRI ELEMENTI UTILI

I primi tre ingredienti per il contatto sono princìpi fondamentali che derivano dall'esperienza del Dr. Greer. Ecco alcune componenti aggiuntive per aumentare il contatto e che provengono dalla nostra esperienza.

- Vibrazioni
- Coerenza e coesione
- Credenza

"GOOD, GOOD, GOOD, GOOD, GOOD VIBRATIONS"

Se accettiamo che l'intera realtà opera lungo una gerarchia vibrazionale, con densità energetiche, dimensioni o stati di coscienza superiori e inferiori che si estendono su un vasto continuum, riconosciamo che gli ET, i maestri ascesi, gli esseri angelici e altre entità simili occupano un regno vibrazionale superiore al nostro limitato mondo materiale 3D. Poiché vibrano a una velocità superiore a quella di noi esseri umani, essi esistono al di fuori della nostra naturale gamma di percezione. In un certo senso, siamo ciechi di fronte alla vasta porzione di deserto cosmico. Ma non siamo completamente bloccati. La buona notizia è che siamo anche eterni esseri multidimensionali. Se riusciamo ad accelerare la nostra frequenza vibratoria, cercando di elevare o di far corrispondere le nostre vibrazioni energetiche a quelle degli ET, abbiamo maggiori possibilità di vederci e di stabilire una connessione reale e tangibile. Lyssa Royal Holt si riferisce a questo auspicabile stato come "il terreno comune".

Come aumentare la vostra vibrazione

Durante un CE-5, la vostra frequenza energetica può essere aumentata in diversi modi:

- Essere consapevoli del proprio corpo eterico, del proprio sé superiore e di tutti gli aspetti di sé stessi oltre il 3D.
- Siate giocosi. Gli ET saranno giocosi con voi, quindi unitevi al divertimento.
- Mantenete l'umore della CE-5 leggero e felice.
- Rilassatevi. Potreste vedere o meno qualcosa nel vostro prossimo CE-5, ma avrete una crescita.
- L'apprezzamento è il modo più veloce per aumentare la vostra vibrazione. Siate grati per la vostra compagnia, la notte, le stelle, l'infinito, la vita, i puntatori laser fichi.
- Siate voi stessi. Siete circondati da altri strambi come voi, quindi lasciatevi andare un po'.
- Addormentatevi. Entrate in uno stato theta delle onde cerebrali theta.
- In preparazione a un CE-5, meditate in gruppo o individualmente. Inoltre, in generale, fate molta meditazione.
- Ricordate a tutti che non siamo solo esseri fisici, ma che siamo eterni, esseri spirituali con molti aspetti di sé. Più espandiamo la nostra coscienza, più saremo in grado di percepire con la vista universale e di sperimentare più fenomeni.
- Aspettatevi che accada. Tu sei un essere eterno infinito e avrai un contatto, prima o poi.
- Ma siate calmi. Cercate di non rimanere delusi o scoraggiati se oggi non sembra succedere niente. Preferite l'esperienza, ma non abbiatene BISOGNO.

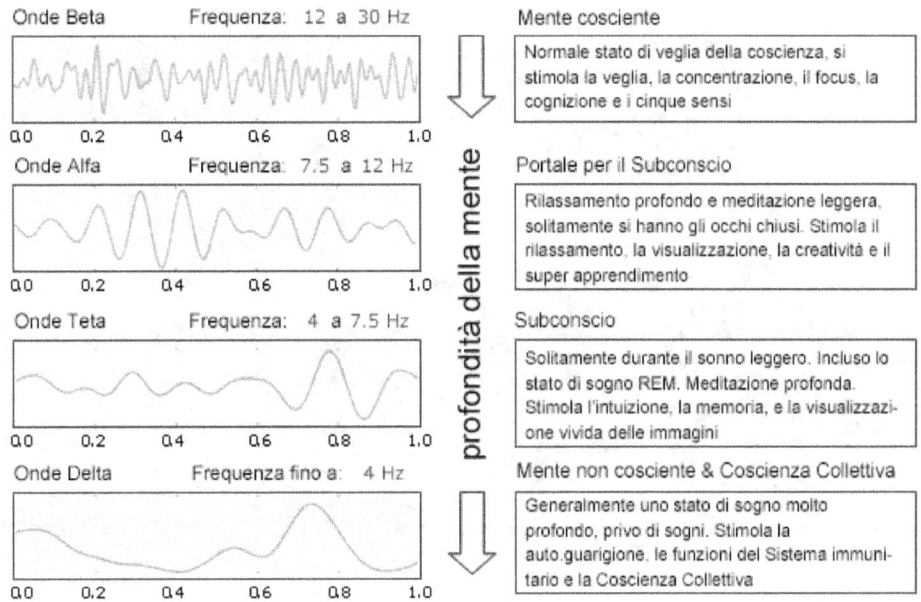

Altri elementi utili

Aumentare la vostra vibrazione può essere semplice come vivere di cuore:

"Scegliete l'amore.

"Nella vita si può scegliere tra un pensiero d'amore o un pensiero di paura.

"La paura è l'energia che si contrae, si chiude, attira, corre, si nasconde, si accumula, fa male. L'amore è l'energia che si espande, che si apre, che invia, che rimane, che rivela, "che condivide, che guarisce.

"La paura avvolge i nostri corpi nei vestiti, l'amore ci permette di stare nudi.
La paura si aggrappa e stringe tutto ciò che abbiamo, l'amore dà via tutto ciò che abbiamo.
La paura ci tiene stretti, l'amore ci è caro.
La paura afferra, l'amore lascia andare.
La paura corre, l'amore lenisce. La paura attacca, l'amore fa ammenda.

"Ogni pensiero, parola o azione umana si basa su un'emozione o sull'altra.
Non hai scelta su questo, perché non c'è nient'altro da cui scegliere.
Ma avete la libera scelta su quale di questi scegliere ".

— Conversazioni con Dio di Neale Donald Walsch

Quando alzate la vostra vibrazione e quella del gruppo, sappiate che state influenzando il mondo e l'universo. Immaginate che questo avvenga su quella grande scala, dove le nostre onde cerebrali sono le vibrazioni che si irradiano dal pianeta, raggiungendo e connettendosi con gli esseri di coscienza superiore.

"In una stanza piena di strumenti a corda una forte corda vibrante è tutto ciò che è necessario per far vibrare tutti gli altri in armonia. Potete provare questo esperimento su piccola scala prendendo due chitarre e collocandole in una stanza vicino all'altra. Colpisci la corda di una qualsiasi nota su una chitarra e l'altra inizierà a vibrare anche l'altra, senza essere toccata!"

Fonte sconosciuta

2. COERENZA E COESIONE DEL GRUPPO

Il livello di contatto di un gruppo sarà spesso proporzionale alla coerenza e alla coesione del lavoro di squadra.

La coerenza implica valori, intenti e obiettivi condivisi e comuni.

> Tutti nel gruppo sono fondamentalmente sulla stessa lunghezza d'onda su quello che stanno facendo e sul perché sono lì. Non ci sono messaggi contrastanti. Gli ET saranno più ricettivi e capaci (a livello vibratorio ed energetico) di rispondere e interagire con gruppi che sono uniti nel loro intento e nel loro messaggio, e che possono elevare la propria frequenza proiettando collettivamente un forte senso di pace, amore, buona volontà e gentilezza. Lasciate che queste buone vibrazioni e intenzioni fluiscano generosamente dal vostro gruppo e nel cosmo. Gli ET saranno in grado di captarlo e di rispondere in modo gentile.

La coesione ha a che fare con il buon funzionamento di una squadra come unità.

> Se il vostro gruppo manca di organizzazione, di senso dell'ordine, o c'è un conflitto o una tensione interna, il risultato del contatto può soffrirne. Supponiamo che gli ET analizzino a distanza il vostro team e vedano cosa succede. Se percepiscono discordanza, negatività, vibrazioni sgradevoli o un team che opera in modo sciatto, maldestro e impreparato, potrebbero essere riluttanti ad avvicinarsi. Infatti, da un punto di vista vibrazionale, possono anche non essere in grado di avvicinarsi. I gruppi di contatto che dimostrano un buon lavoro di squadra, cooperazione, collaborazione, integrità e rispetto reciproco, pur proiettando un forte senso di amore, armonia, pace e buona volontà, godranno naturalmente di un maggiore successo. Cercate di riunire e nutrire una squadra che operi senza problemi ed efficacemente come un'unica famiglia felice. Questo può richiedere tempo, pazienza e numerosi contatti, ma ne risulteranno livelli di contatto più profondi e soddisfacenti.

Altri elementi utili

Come migliorare sia la coesione che la coerenza:

- Fornire informazioni preliminari ai nuovi arrivati prima del lavoro sul campo. I nuovi arrivati devono sapere cosa aspettarsi. (Date loro questo manuale!)
- Integrare le nuove persone con un genuino senso di accoglienza e calore.
- Se avete un gruppo numeroso, chiedete a tutti di indossare delle targhette.
- Potreste introdurre attività divertenti per rompere il ghiaccio se ci sono nuovi membri del gruppo.
- Quando iniziate un CE-5, mettete da parte un po' di tempo per stare insieme prima di puntare gli occhi al cielo (più facile prima che faccia buio).
- Ponetevi a vicenda delle domande, imparate a conoscervi e cercate di ascoltare tanto quanto di parlate.
- Siate amorevoli e tolleranti.
- Sorrisi e abbracci!
- Mangiate insieme, prima del lavoro sul campo o tra un incontro e l'altro. I pasti hanno aiutato molto la coerenza del nostro gruppo.
- Accettate le esperienze e la percezione della realtà che hanno gli altri, per quanto possa sembrare stravagante.
- Cercate di essere veramente eccitati quando gli altri fanno un avvistamento o un'esperienza interessante, anche se vi sentite invidiosi.
- Scattate foto di gruppo (ma rispettate coloro che desiderano mantenere la propria identità privata).
- Aprite e chiudete il lavoro sul campo tenendovi per mano; collegate le vostre energie. (Fate in fretta se fa freddo o se ci sono le zanzare).
- Come parte del vostro evento di contatto, a seconda del luogo, prendete in considerazione la possibilità di fare qualche giro turistico locale insieme come gruppo. Aggiungete altre avventure!

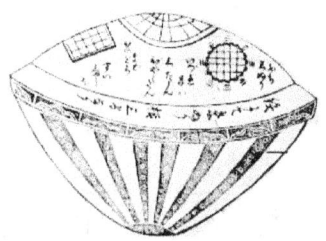

Queste persone stanno guardando un "Utsuro-bune", un UFO giapponese.
Avvistato nel 1803, disegnato nel 1843

Altri elementi utili

Lavoro di squadra e leadership

Il lavoro di squadra è una componente molto importante della coesione. Sembra che un aumento degli avvistamenti sia correlato a quando le persone dividono il lavoro. Tutti possono contribuire in qualche modo. Essere un leader efficace che possa facilitarlo è importante! Devo ammettere che all'inizio ho trovato la leadership scoraggiante. È un buon posto per crescere.

Mark Koprowski della CE-5 Tokyo è un leader direttivo da cui prendo appunti. Ha contribuito in modo significativo a questo documento e apprezzo i suoi anni di esperienza e di saggezza. Ecco alcuni dei suoi punti d'azione per il lavoro di squadra e la coesione.

- Dividere il lavoro e assegnare i ruoli di squadra (ad esempio coordinatore del sito sul campo, fotografo, videografo, puntatore laser, bastone di salvia, incenso, registratore di suoni, binocolo, consulente per gli eventi celesti, sicurezza del sito) e assicurarsi che tutti sappiano cosa stanno facendo, quando lo stanno facendo e come farlo. Cerca di far sentire tutti parte della squadra dando loro un ruolo o un compito, non importa quanto piccolo. Anche se questo significa avere 10 fotografi con nient'altro che un iPhone, bene. Potete anche assegnare più ruoli a una sola persona se il vostro gruppo è piccolo.
- Per mantenere il senso di unità e coesione del gruppo, idealmente, durante il lavoro sul campo dovrebbe esserci una sola conversazione alla volta. Se qualcuno avesse qualcosa da contribuire, dovrebbe parlare a voce abbastanza forte da poter essere ascoltato da tutti. Tranne che durante le pause, evitate le conversazioni private, se possibile.
- Per bilanciare l'energia maschile e femminile, i membri maschili e femminili dovrebbero essere seduti in modo alternato nella cerchia dei contatti: uomo, donna, uomo, donna, ecc.

Ho uno stile di leadership più laissez-faire. So di dover lavorare per essere un po' più assertiva. Ecco i consigli che ho raccolto lungo il percorso:

- Tieni gentilmente a freno i chiacchieroni e incoraggia i taciturni. (Assicurati di non essere uno di quelli che parlano troppo! I leader estroversi hanno spesso questo punto cieco).
- Tieni d'occhio la volontà del gruppo e seguitela.
- Lavora per acquistare fiducia come leader e superare le insicurezze.
- Chiedi alle persone dove vogliono andare, cosa vogliono fare.
- Dai delle scelte: a volte le domande a risposta aperta sono troppo aperte.
- Quando qualcuno fa un suggerimento, seguilo. Se non è fattibile, incorporalo un'altra volta.
- Chiedi se qualcuno vuole raccogliere/guidare una meditazione, far funzionare l'attrezzatura, suonare un campanello, ecc.

Ricordate al gruppo che il lavoro di squadra fa parte della coesione che porta agli avvistamenti. Se sono timidi a partecipare, va bene, basta che non si assumano troppe responsabilità per evitare di essere sopraffatti o risentiti. Non c'è bisogno di fare un incontro perfetto con tutti i fronzoli: la crescita e gli avvistamenti avvengono con piani per la giornata molto semplici e senza attrezzatura. Come leader, devi assicurarti di goderti tutto questo e di vibrare ad alta frequenza, quindi fatti carico solo di quanto riesci a gestire felicemente.

Una parola sulle droghe, l'alcol e le armi

La prospettiva di Mark:

"L'uso o il possesso di alcol, droghe o armi nel contesto del CE-5 è generalmente scoraggiato. Così come non si userebbero o si porterebbero droghe o armi a un incontro diplomatico di alto livello alle Nazioni Unite, non si porterebbero o si userebbero a un evento di contatto con ospiti interstellari. In qualità di ambasciatori dell'universo, un chiaro senso del decoro, buone maniere, rispetto e professionalità di base devono essere osservati se il proprio obiettivo è stabilire un contatto e una comunicazione. Rendetevi conto che gli ET saranno in grado di scansionare a distanza il vostro gruppo e di sapere immediatamente se qualcuno è intossicato o "sballato" o se si tratta di un potenziale pericolo o una minaccia. Chi è "sotto l'influenza" perderà naturalmente un certo grado di autocontrollo - fisicamente, mentalmente, emotivamente, e con la sicurezza in mente, si può essere abbastanza sicuri che gli ET non si avvicineranno, almeno non troppo. E se l'obiettivo del lavoro di contatto è condividere e rivelare le vostre incredibili esperienze e avventure ultraterrene agli amici, alla famiglia o al pubblico, quanto sembrerete credibili se voi o gli altri foste inebriati o inciampaste in quel momento? Come cittadini diplomatici, dovremmo fare tutto il possibile per creare uno spazio positivo, accogliente e sicuro per i nostri visitatori galattici. Questo significa entrare in campo pienamente consapevoli, attenti, sobri e senza armi. E da una prospettiva puramente vibrazionale, le droghe probabilmente incasineranno il vostro campo energetico e la vostra frequenza più bassa, e questo potrebbe farvi diventare un bersaglio per le entità negative o di servizio a sé stesse. Questa è una delle ragioni per cui James Gilliland proibisce qualsiasi tipo di droga nel suo ranch".

Sono d'accordo con Mark. Non abbiamo mai avuto nessuno attratto dal nostro gruppo che assuma sostanze intossicanti durante il contatto. (Per quanto ne so!) Non riesco a immaginare che sia utile in questioni spirituali o scientifiche. Forse un'eccezione sarebbe se si usa una sostanza in modo sacro, come medicina, e/o se uno sciamano ti sorveglia. In quanto parzialmente anarchica, dico: "*Chacun son gout*". ("A ciascuno il suo"in francese scolastico.) Nel vostro esperimento di vita scoprirete se le sostanze intossicanti sono utili o se ostacolano il contatto/espansione della vostra coscienza. In qualità di leader, puoi scegliere se permetterle o meno. Per quanto riguarda le armi, il Canada è praticamente senza armi, in confronto, quindi non riesco nemmeno a immaginare che qualcuno ne porti una ad un CE-5

3. CREDERE = VEDERE

Uno dei principali ostacoli agli avvistamenti è la nostra dipendenza dalle prove fisiche. Fonti diverse ci dicono più e più volte che siamo noi a creare la nostra realtà e che il nostro mondo interiore deve trasformarsi prima di vedere i risultati esterni. Gli avvistamenti di UFO ne sono un perfetto esempio. Per la maggior parte, il livello di fede di una persona è altamente correlato con il numero di "prove" che questa ottiene. È un paradosso della vita divertente. Tutto scorre verso di te quando non ne hai più bisogno. Ha ha. Divertente, vero?

Una credenza è solo un pensiero che si continua ad avere più e più volte. Prova questi:
- Potrebbe essere possibile
- Il mondo/realtà/potrebbe essere molto di più di quello che ci è stato insegnato
- Ci stiamo evolvendo e il futuro è sconosciuto
- Altri hanno visto gli UFO
- Potrei vedere un UFO

Potreste sentire parlare di una persona strana che ha fatto un grande avvistamento e che è ancora molto scettica. Il suo ruolo di testimone scettico ha un suo scopo unico nel processo di rivelazione.
Un altro scenario è che a volte le persone vengono iniziate con un incontro sorprendente che è stato appositamente progettato per farle muovere in questa direzione. Questo può essere molto frustrante se non sono pronti a ricevere una comunicazione coerente. Devono quindi unirsi a noi mentre aumentiamo la nostra vibrazione e facciamo il lavoro di base per liberare la nostra presa sulla realtà convenzionale e le nostre idee limitate su noi stessi.

Se siete scettici e state sperimentando questo, allora potreste voler avere alcune persone che si uniscono a voi, che sono così profonde nella loro convinzione al punto che possiate mettere in dubbio la loro sanità mentale. Favorite il vostro rapporto con loro: sono magneti per gli avvistamenti. Continuate ad essere scientifici, ma non perdete l'occasione di avere con voi queste persone affettuose e adorabili. Inoltre, essere tolleranti nei confronti di diversi paradigmi è un bene per la vostra crescita. Quando li frequentate, rimanete fedeli al vostro paradigma e fidatevi del vostro giudizio.

"Sto notando delle cose strane qui dentro. Devo credere nei chakra, nei vortici o nei cristalli? Voglio credere negli UFO, non nelle cose New Age." Naturalmente non è necessario indossare cravatte fatte a mano e cantare mantra per espandere la propria coscienza/avvertire gli avvistamenti. Tuttavia, se siete più dotati di una mentalità da scienziati, sappiate che alcuni di questi documenti non avranno alcuna risonanza per voi. Il mondo CE-5 è naturalmente a tema spirituale. Prendete ciò che funziona per voi e scartate il resto. Ricordate, il contatto umano iniziato con l'ET è composto da tre ingredienti: 1. Connessione alla coscienza di una mente, 2. Un cuore sincero, e 3. Intenzione chiara.

"Il giorno in cui smetto di avere dubbi è il giorno in cui divento pericoloso".

—Neale Donald Walsch

Suggerimento: le storie di trading durante un CE-5 sono un ottimo strumento per consolidare la fede. Ti mette nel giusto spazio mentale per il contatto. Utilizzare i toni dei cerchi nel grano prima dell'evento, come indicatodal protocollo originale CE-5, è anche utile, ricordandoci che ci sono un sacco di fenomeni inspiegabili là fuori che sono stati testimoniati da molti e registrati per lo studio. Potete trovare i toni sull'applicazione ET Contact Tool App o su YouTube (che potete poi convertire in mp3: https://ytmp3.com/).

UFO FORMATIONS		UFO MANEUVERS	

SECONDA PARTE:

GRINTA/

COME FARE /

METTERSI AL LAVORO

UNIRSI AGLI ALTRI

Ora che conoscete gli ingredienti necessari per il contatto, siete pronti a partire.

Potete fare il CE-5 da soli o in gruppo. Le dimensioni dei gruppi variano molto: la maggior parte di quelli che si incontrano regolarmente in tutto il mondo sono di solito in un numero tra 1 e 10. Abbiamo 30 persone nella nostra mailing list, e di solito riceviamo da 7 a 9 persone alla volta. Se ci fosse un ospite speciale di qualcuno fuori città, potremmo riunirne 30 o 40. Ho partecipato a una conferenza CE-5 che ha portato ad avvistamenti in cui la dimensione del gruppo era di circa 500 persone. Quindi, qualsiasi numero andrà bene.

Ci sono un sacco di persone entusiaste là fuori che vorrebbero entrare in contatto con voi. Alcune persone si sentono davvero isolate e non vedono l'ora di incontrarvi e di raccontarvi come sono arrivate alla loro attuale visione del mondo. È meraviglioso incontrare persone simili e compagni di cuore in un mondo così diverso come quello attuale!

Le persone scettiche possono essere delle aggiunte meravigliose. Un vero scienziato è scettico e di mentalità aperta. Un vero scettico è scettico di tutto, anche della sua stessa lente della realtà. Lucio lei abbraccia il processo scientifico ed è pronto a scartare i vecchi paradigmi quando è opportuno.

Le persone che pensi siano distaccate dalla realtà là fuori possono farti impazzire. Accetta che sia possibile che abbiano ragione non scartare mai la prospettiva o le convinzioni di nessuno. Anche se siete sicuri al 99,9% che non hanno una comprensione della realtà ultima, hanno assolutamente una comprensione della loro. Ognuno ha diritto alla propria realtà.

Se qualcuno ha GRANDI paure sugli ET o è IPER-scettico, ha del lavoro da fare prima che gli permettiate di fare delle uscite speciali con il gruppo. Non abbiamo mai avuto qualcuno estremamente resistente al CE-5 che cercasse di unirsi a noi. Abbiamo scoperto che una o due persone con un'inclinazione negativa che frequentano un CE-5 non necessariamente interferiscono con il resto del gruppo che fa una buona esperienza. Le persone avranno avvistamenti individuali o avvistamenti destinati solo a pochi. È importante però che il resto del gruppo sia forte dal punto di vista vibrazionale abbastanza per spegnere qualche vibrazione negativa. Le migliori notti che abbiamo passato sono state come delle feste, purché si abbia più tipi che sono "vita della festa" piuttosto che tipi "guastafeste", andrà tutto bene. Come leader, se non riesci a trattenere la tua energia di fronte alla scontrosità o al giudizio, allora devi escludere le negatività correlate a loro, fino a quando non si possono effettivamente ignorare le vibrazioni più basse. Benedici queste persone. Spesso queste persone vogliono in segreto che questo fenomeno sia così reale da non poter rischiare di aprirsi. La prospettiva di essere ingannati e/o di veder deluse le loro speranze è terrificante.

Cercate di non escludere nessuno, se potete. L'inclusione aiuta loro e voi. Se siete molto desiderosi di fare avvistamenti stellari con un gruppo centrale molto coerente, fate un'uscita speciale di soli invitati, in modo che nessuno si senta escluso alle riunioni mensili centrali.

DOVE TROVARE LE PERSONE

ETLet'sTalk
- Vai su http://www.etletstalk.com e cliccate su "Accedi/Iscriviti".
- Cliccare su "Membri" a sinistra e selezionare "Ricerca avanzata".
- Sotto "Posizione", digitare il nome della città, quindi scorrere per selezionare "Filtro".
- Contattate le persone della vostra città per raccogliere informazioni di contatto

Mappa della rete di contatti ET
- Vai su http://www.etcontactnetwork.com
- Registrati per accedere alla mappa
- Sulla mappa, clicca su ogni simbolo per raccogliere nomi e indirizzi e-mail

Facebook
- Cerca "CE-5" e <La tua città>, per esempio il nostro gruppo è "CE-5 Calgary".

- Entra a far parte di un gruppo mondiale CE5, di cui ce ne sono diversi. Su questi siti Facebook puoi scrivere un post per cercare persone nella tua zona.
    - L'iniziativa CE-5
      https://www.facebook.com/groups/205824492783376/
    - CE-5, UFO, SIRIUS: ETLetsTalk.com
      https://www.facebook.com/groups/1593375944256413/
    - Missione globale universale CE-5
      https://www.facebook.com/groups/1827858540868714/

- Crea il tuo gruppo su Facebook in modo molto semplice! Abbiamo impostato la privacy del nostro gruppo su "chiuso" in modo che non tutti possano vedere ciò che viene pubblicato. Quindi, i post possono essere visti solo dai membri del gruppo approvati.

MeetUp
Create o trovate un gruppo su http://meetup.com, che è un ottimo modo per fare rete. No, non è un sito di incontri.

WhatsApp
CSETI India ha in corso una chat WhatsApp molto festosa: +91 9874447669.

Il modo analogico
Andate nel vostro negozio di cristalli/*new age* locale per parlare con la gente, affiggere un annuncio o lasciare un volantino. Oppure, vedi se qualcuno del club di astronomia è interessato. Il Dr. J. Allen Hynek, astronomo e ricercatore di UFO, ha scoperto che in uno studio informale dei suoi coetanei circa il 10% degli astronomi ha visto qualcosa nel cielo che non riesce a spiegare, che tiene per sé per paura di essere preso in giro. Forse potreste trovare qualcuna di queste persone!

RITIRI

Andare in ritiro in un punto caldo per gli UFO ha catapultato la nostra esperienza come gruppo della nostra città natale, dopo il nostro ritorno. Vale la pena fare una vacanza per andare a conoscere nuovi amici, espandere la tua mente, vedere gli UFO e visitare una nuova località! I luoghi includono luoghi come: Il Monte Shasta nella California del Nord, Joshua Tree nella California del Sud, il Monte Adams nello stato di Washington, il Giappone, la Nuova Zelanda.

- ET Parliamo - andate su http://etletstalk.com/ e cliccate su "Eventi" per vedere se ci sono ritiri imminenti.
- Sirius Disclosure - vai su https://www.siriusdisclosure.com e iscriviti alla mailing list.
- ECETI - vai a http://www.eceti.org per richiedere un invito privato a visitare il Ranch ECETI di James Gilliland.
- Lyssa Royal Holt - vai a http://www.lyssaroyal.net/-schedule.html per vedere i prossimi ritiri, ogni anno ce n'è uno in Giappone in estate.
- Rahma - vai a http://www.sixtopazwells.com. Avrete bisogno di una comprensione di base dello spagnolo.
- Rahma a Los Angeles - vai alla pagina Facebook della "Mission Rahma" o chiedi per passaparola a Los Angeles.
- Gene Ang - vai a http://www.geneang.com/www.geneang.com/Events.html per vedere gli eventi.
- CE-5 Aotearoa - vai a https://www.ce5.nz/ per iscriverti alla mailing list.
- JCETI - vai su http://www.jceti.org/ (per chi parla giapponese) o http://www.ce5-japan.com (per chi parla inglese) per vedere i prossimi eventi.

In alternativa, invece di andare ad un ritiro ufficiale, contattate i gruppi della zona in cui siete in vacanza e partecipate ad uno dei prossimi CE-5.

GESTIRE UN GRUPPO

Questo potrebbe benissimo essere il momento più emozionante in cui essere vivi in tutta la storia della Terra. Quale ruolo sceglierete di ricoprire?

Non ci vuole molto tempo per tenere riunioni regolari e mensili. Una notte = a 3 a 6 ore. L'invio di e-mail a tutti per invitarli prende forse un'ora o due al mese, compreso il tempo di risposta alle singole e-mail. Alcune cose per l'avvio richiederanno qualche ora qua e là, all'inizio: cercare persone che si uniscano a voi, scegliere l'attrezzatura, se presente, e trovare la sedia giusta. Ogni altro momento è facoltativo e ricreativo: leggere libri, trovare il tempo per meditare di più, andare in ritiro, provare nuove attrezzature, ecc. Quando sei in viaggio, puoi facilmente dedicare sulle 5-8 ore al mese. Questo è solo l'1% delle ore di veglia del mese.

Nel nostro gruppo, teniamo riunioni mensili durante tutto l'anno. Su in Canada abbiamo degli inverni freddi, quindi s si scende sotto i -10 gradi centigradi facciamo dei pasti e delle meditazioni al chiuso per aumentare la coerenza del gruppo e continuare la nostra importantissima crescita interna. Invio gli inviti via e-mail una settimana prima degli eventi, e dopo un evento, a volte invio una relazione con un avviso per ricordare l'evento successivo.

Potete scegliere qualsiasi data per fare un evento CE-5. La maggior parte delle persone sceglie di allineare le proprie serate CE-5 con una delle due reti mondiali:

- Sirius Disclosure - vai su https://www.siriusdisclosure.com e scorri fino in fondo per iscriverti alla newsletter che ti invierà i promemoria. Sono sempre il primo sabato del mese, facili da ricordare e da programmare.

- ETLet'sTalk - vai su https://etletstalk.com/ e vai su Eventi per vedere quali date sono in arrivo o per entrare nella lista delle e-mail inviando un'e-mail a Kosta all'indirizzo kosta@etletstalk.com. Queste date sono sempre il sabato più vicino alla luna nuova, per beneficiare del cielo scuro. Allineiamo i nostri incontri mensili con il programma di ET Let's Talk perché preferiamo avere il cielo il più scuro possibile.

SCEGLIERE UN LUOGO

Un CE-5 può essere fatto al chiuso, in giardino, in un parco vicino o in un luogo remoto. Abbiamo avuto risultati interiori ed esteriori in tutti questi luoghi. Le persone nella nostra città hanno segnalato sfere che galleggiavano fuori dai loro cortili, UFO diurni al di sopra del traffico e una luce tricolore delle dimensioni di un camion che rimbalzava attraverso i quartieri della città. Non importa dove fai il CE-5; quando sei pronto, loro vengono da te.

Detto questo, le località remote tendono a produrre più avvistamenti. I vantaggi includono anche il fatto che è più buio, il cielo è stupendo, sei circondato dalla quiete, dalla natura e dalla pace, sei più lontano dalle traiettorie di volo delle imbarcazioni umane, e puoi essere rumoroso quando urli e gridi quando vedi un UFO. (Sono sicura che gli ET amano vedere quanto siamo eccitati!) Quando vi accampate nella vostra posizione, cercate di stare lontani da linee elettriche, torri delle telecomunicazioni, o qualsiasi cosa che possa interferire con le vostre apparecchiature elettriche o con l'avvicinamento di navicelle ET.

Potreste anche controllare se ci sono linee elettriche, vortici o punti sacri nella vostra zona. Non abbiamo modo di sapere con certezza se il fatto di trovarsi o meno in un luogo come questo contribuisce ad una differenza percepibile negli avvistamenti. Può darsi che tutta l'energia e l'eccitazione nella pianificazione e nei viaggi sia ciò che crea buoni risultati. Siamo fortunati ad avere un importante nodo della rete Becker-Hagens a poche ore di distanza - non ce ne sono molti sulla terraferma in Nord America. Nel nostro remoto CE-5, lì, si sono verificati alcuni effetti ambientali anomali molto interessanti e, inoltre, abbiamo catturato molte più luci e sfere energetiche di quante ne abbiamo in qualsiasi altra località.

Flammarion, Artista sconosciuto, 1888

IL VOSTRO PRIMO CE-5

Quindi vai da solo o hai trovato un gruppo di persone! Meraviglioso. Ecco una breve descrizione di come potrebbe andare. Ricordate, questa è solo una guida. Se sai cosa vuoi fare, fallo!

- Scegliete una data e un'ora.
- Create un'agenda libera di ciò che farete durante l'evento CE-5.
- Inviate i vostri inviti e chiedete un RSVP.
- Ricordate a tutti di portare vestiti caldi, sacco a pelo, sedia, torcia elettrica.
- Nei giorni precedenti l'evento, fate da una a tre sessioni di meditazione, sia in gruppo fisicamente insieme che a distanza in orari sincronizzati. La meditazione può essere fatta anche individualmente in qualsiasi momento, se questo è più conveniente. Decidete l'intenzione personale e di gruppo per il CE-5 durante queste meditazioni.
- Il giorno della CE-5, incontratevi e andate in macchina o datevi appuntamento sul posto.
- Quando arrivate, disponete le sedie in un cerchio rivolto verso l'interno se il cielo è sereno in tutte le direzioni. Usate un semicerchio se c'è una zona nuvolosa o se c'è una montagna o degli alberi di mezzo.
- Esaminate l'agenda per vedere se qualcuno ha richieste, aggiunte o modifiche. Create questa esperienza insieme mentre andate avanti, non deve essere perfetta!
- Ponete un'intenzione chiara con il gruppo.
- Fate una meditazione ad occhi chiusi per entrare veramente in contatto con la coscienza di una mente.
- Continuate il vostro programma e modificatelo se necessario. (Per le idee, vedi la sezione Agenda del campione).
- Incoraggiate le persone ad alzare la voce se vedono o sperimentano qualcosa - spesso le persone sono timide a dire di aver visto qualcosa perché credono a malapena di averla vista. Dite alle persone di alzare la voce anche se non ne sono sicure; in effetti, potrebbe essere che qualcun altro abbia visto o vissuto la stessa cosa! Poi il gruppo può guardare quella porzione di cielo per vedere se lì succederà qualcos'altro.
- Rimanete in contatto con la volontà del gruppo e con l'atmosfera: tutti sono caldi, ancora coinvolti, si sentono felici?
- Mantenete un atteggiamento di ringraziamento per l'esperienza e la crescita, anche se non siete consapevoli di nulla di ciò che è successo o non avete visto nulla. Sulla base delle nostre esperienze, crediamo che gli ET siano presenti anche se non si riesce a percepirle, anticipando la propria crescita con entusiasmo!
- Quando chiudete l'incontro, ricordatevi di chiedere le visite durante il sonno e anche crescita e avvistamenti, che possono avvenire nei giorni che seguono o anche nel viaggio di ritorno a casa.
- Dopo il CE-5, puoi inviare un report al gruppo più numeroso e, se vuoi, caricare un report su uno o più siti di networking (Facebook, ETLet'sTalk).

Crediamo che se vi atterrete fedelmente ai tre ingredienti chiave indicati in precedenza (1. Connessione alla Coscienza di una mente, 2. Un cuore sincero, 3. Intenzione chiara), avrete un avvistamento entro sei uscite.

Cose da portare:

- Sedia o coperta
- Sacco a pelo
- Strumenti per la meditazione (possono essere toni riproducibili su telefono e altoparlante, può essere un libro o si può portare questo manuale, oppure si può creare il proprio strumento).
- Torcia elettrica
- Puntatore laser (Se consentito dalla legge, e assicurarsi di leggere la sezione Puntatori laser).
- Guanti, cappelli, cappotto invernale, ecc.

Per i CE-5 più lunghi o più remoti, includere:
- Spuntini, acqua
- Carta igienica

ORIENTAMENTO

Conoscere la mappa del cielo ci aiuta a descriverci l'un l'altro dove guardare. Invece di "Ehi, c'è qualcosa laggiù" e puntare un dito invisibile nel buio, possiamo dire: "Guarda a sud della maniglia del grande mestolo" o "Nord-nordest a 30 gradi dall'orizzonte". Grazie al nostro anonimo collaboratore per questa elegante introduzione all'astronomia:

Quando raggiungete il vostro sito sul campo, orientate i membri del vostro gruppo verso le direzioni cardinali (bussola), i sistemi di misura di base e la posizione di alcune costellazioni, stelle e pianeti.

- Segnate il nord, l'est, il sud, l'ovest e lo zenit (il punto più alto direttamente sopra di voi). Assegnare un punto di riferimento a ciascuno, se possibile. Se non esiste un punto di riferimento, utilizzare una persona nel cerchio.

- Stimare le "coordinate orizzontali" dei corpi celesti usando il sistema astronomico di "altitudine e azimut".

- Altitudine' misura l'angolo dell'elevazione apparente di un oggetto (o altezza curva) sulla sfera celeste (la cupola del cielo), rispetto all'osservatore (il vostro gruppo).

- 0° si riferisce all'orizzonte su una pianura. 90° si riferisce allo zenit. Così, a metà strada verso l'alto da un orizzonte piano allo zenit del cielo sarebbe di 45°. Un terzo sarebbe 30°, due terzi sarebbero 60°, ecc.

- Molte persone trovano che il loro pugno tenuto a lunghezza del braccio può approssimarsi ad uno spazio di 10°, o la distanza dal pollice al mignolo delle dita allungate può approssimarsi a 20°. Sperimentate di aggiungere queste stime dall'orizzonte allo zenit per capire se queste possono aiutarvi. O semplicemente cercare l'altitudine nota degli oggetti in un grafico o in un'applicazione.

- "Azimuth" misura le direzioni cardinali (nord, est, sud e ovest) su una scala da 0 a 360 gradi. Ma dovrebbe bastare semplicemente dire la direzione inglese (ad es. "nord-nordest").

- Stimare la luminosità dei corpi celesti usando il sistema astronomico di "magnitudine apparente".

- La "magnitudine", o luminosità, delle stelle fu catalogata per la prima volta dagli antichi greci su una scala da uno (per i più luminosi) a sei (per i più fiochi).

- Nel XIX secolo, gli astronomi moderni formalizzarono il sistema su una scala logaritmica, estesero la scala sotto l'uno e sopra il sei e imposero Vega come punto zero (Vega è una stella eccezionalmente luminosa visibile nell'emisfero settentrionale per la maggior parte dell'anno).

- La parola "apparente" è stata aggiunta perché si è ormai capito che la luminosità dipende più dalla distanza di una stella dalla Terra. Una misura separata chiamata "magnitudine assoluta" descrive la luminosità di ogni stella se osservata da una distanza standard.

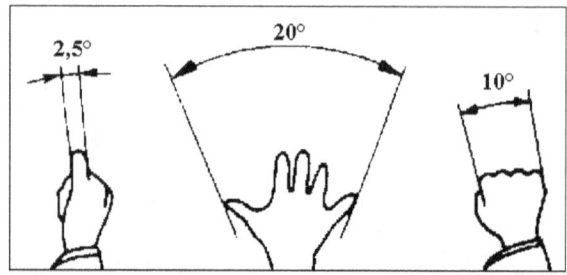

Esempi di Magnitudine apparente

-5 Venere (max)
-3 Marte (max), Giove (max), Venere (min)
-2 Giove (min)
-1 Sirius
0 Arturo, Capella, Procione, Rigel, Saturno, Vega, Mercurio (max)
1 Aldebaran, Altair, Antares, Betelgeuse, Deneb, Fomalhaut, Pollux, Regulus, Spica
2 Marte (min), Polaris
3 La galassia di Andromeda
4 Chi Orionis
5 Mu Cassiopeiae, Xi Boötis
6 Mercurio (min)

Fate un rapido tour delle costellazioni, delle stelle e dei pianeti più riconoscibili. Se non avete familiarità, consultate un grafico o un'applicazione, preferibilmente una o due notti prima. Considerate la possibilità di abbonarvi a un podcast settimanale di osservazione delle stelle, oppure visitate il planetario o il club di astronomia locale. Http://www.skymaps.com offre mappe stellari scaricabili gratuitamente ogni mese. Possono essere facilmente scaricate e distribuite al vostro team di Contatto. Potreste rimanere sorpresi da come diventeranno familiari i modelli del cielo.

Vergine, Una Scott, Copyright 2017

TENERE UN REGISTRO

Se volete potete tenere un registro o scrivere un riassunto durante o dopo l'evento. La memoria umana è piuttosto fragile, e potreste voler confermare esattamente chi ha visto cosa prima che la vostra memoria svanisca e/o cambi ciò che è successo. È anche bello vedere che tendenze hanno gli avvistamenti mentre aumentano. Se il tempo lo permette, alcuni gruppi tengono una sessione di debriefing immediatamente dopo l'evento (o il giorno successivo) per discutere il lavoro sul campo e condividere ciò che è stato vissuto mentre tutto è ancora fresco nella loro testa. Potrebbe essere una buona idea registrare digitalmente l'incontro, con un riassunto scritto in seguito e incorporato nel registro.

Teniamo i nostri registri in modo piuttosto casuale. Scriviamo alcuni o tutti i seguenti punti:
- Data
- Tempo
- Chi ha visto cosa
- Dove si trovava
- Descrizione di ciò che è successo

A volte ci limitiamo a registrare i punti salienti. Se registri ogni presunto satellite o *streaker* potresti stancarti, se è una notte davvero attiva. D'altra parte, potrebbe essere bello contarli tutti più tardi.

Se fate appunti su carta, si può acquistare una penna per la scrittura notturna, con una luce all'estremità, che è una comoda fonte di luce non intrusiva da usare al buio. ~5 dollari l'uno. Amazon.

Potete anche digitare sul telefono. Mettete un filtro rosso sul vostro schermo per preservare la visione notturna. Per un iPhone, seguite queste istruzioni: https://www.skyandtelescope.com/observing/stargazers-corner/red-light-filter-for-iphone/. Per un telefono Android, provare l'applicazione "Twilight".

Anche un piccolo registratore vocale digitale può essere utile. Olympus ne fa alcuni di piccole dimensioni che sono popolari.

ATTREZZATURA

Sedia o coperta e cuscino
Portate qualcosa su cui sedervi. La mia sedia preferita è una sedia a mezza altezza da spiaggia che si può piegare e che può reclinarsi in modo da potersi davvero rilassare e vedere un sacco di cielo. Sono leggere e si possono trovare modelli che hanno spallacci a mo' lo zaino e scomparti con cerniera per l'attrezzatura. Così utili! Altri nel nostro gruppo usano sedie a gravità zero, che sono ancora più comode e durano un eone, anche se sono pesanti. Una normale sedia da prato o da campeggio funziona benissimo. Anche una coperta funziona benissimo.

Sacco a pelo
I sacchi a pelo sono molto più caldi di una coperta. Anche nei giorni estivi più caldi la temperatura può scendere. Tenete presente che quando non ci si muove, fa molto più freddo di quanto si possa sopportare normalmente. Ci piace stare al calduccio nei nostri sacchi a pelo, tanto che potremmo addormentarci.

Vestiti caldi
Indossate la vostra attrezzatura invernale completa: abbigliamento pesante, indumenti isolati come un piumino sintetico, pantaloni da neve, pantaloni termici, o leggings sotto i pantaloni, guanti/muffole adatti al touch screen, una toque, ecc. (*Toque* è una parola canadese che significa cappello invernale a maglia).

Torcia elettrica
È molto utile avere una torcia frontale. Altrimenti, usate una torcia elettrica o il telefono per andare in giro. Si consiglia di usare una luce rossa. Gli astronomi usano le luci rosse durante le loro feste stellari per preservare la loro naturale visione notturna.

Repellente per zanzare
Gli ET non sembrano avere molta influenza sulle zanzare, che possono rovinare un CE-5 se non si riesce a farci su una risata. Ricordatevi di portare un repellente, naturale o meno, e andrà tutto bene.

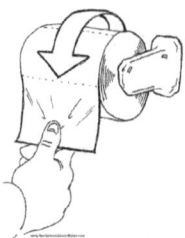

Carta igienica
Per le bio-pause durante le CE-5 in luoghi remoti.

Strumenti
Campane tibetane, didgeridoo, campane, campanellini, ecc.

Oggetti sacri
Cristalli o altri oggetti personali significativi. Potete collocarli su un tavolo circolare al centro del cerchio.

Binocolo
Per distinguere le forme degli UFO vicini. Portarne uno leggero, o montarne uno pesante su un treppiede. Anche un binocolo con stabilizzatore d'immagine (IS) è ottimo da avere, ma costa di più.

Binocolo/Occhiali/Monocolo per visione notturna
Non sono un *must have*, ma sono sulla lista dei desideri di tutti. Con questi si possono vedere sfere di luce e altri fenomeni. Un mio amico che li usava ha visto una piccola creatura alata volare verso di lui, dopo di che ha gridato: "Ho appena visto una f*#@!ta fata! (Il decoro spesso si perde sul campo quando la realtà salta per aria.) I migliori sono di grado militare, cioè i Gen 3. Costano molte migliaia di dollari. Le varietà digitali sono più convenienti. Scegliete occhiali per la visione notturna che siano leggeri e considerate la convenienza di averne un paio che rimangano attaccati alla testa con una fascia. Molti dispositivi per la visione notturna hanno capacità di fare foto/video: vedi la prossima sezione sulle videocamere per la visione notturna per consigli specifici.

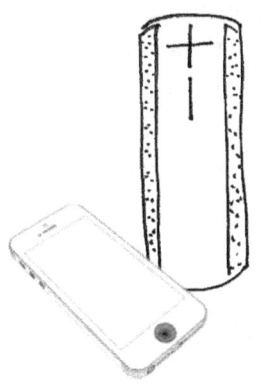

Dispositivo e altoparlanti per la riproduzione di meditazioni/toni del cerchio nel grano/canzoni
Usiamo i nostri telefoni per riprodurre i file audio. Si può anche utilizzare un lettore musicale apposito. Ho anche un altoparlante, il Boom 2, che è fantastico e incredibilmente costoso (300 dollari). Direi che ne vale la pena, è uno dei miei beni preferiti. Per meditazioni, canzoni, ecc. un modo semplice per recuperarle è cercarle su YouTube, copiare l'URL, poi andare su un sito web che converta e il video da YouTube a file mp3, ce ne sono molti di siti così. Scaricate l'mp3 appena creato nel vostro computer, da dove potrete poi spostarlo sul vostro telefono.

NON UTILIZZARE UN PUNTATORE LASER
(A meno che non leggiate queste pagine molto, molto attentamente...)

I puntatori laser sono utili e divertenti, ma possono anche essere molto pericolosi. Bisogna essere estremamente prudenti. I danni temporanei o permanenti agli occhi sono un pericolo reale. Avete tre opzioni:

1. Assegnare solo una o due persone esperte ed estremamente prudenti all'uso di potenti laser (oltre 5mW). Questa opzione è **a malapena** raccomandabile; anche un esperto che conosce i pericoli reali dei puntatori laser può commettere un errore.

2. Permettete l'uso di potenti laser solo con occhiali adeguati a tutti i membri del vostro gruppo (Possono ridurre la propria capacità di vedere le stelle/luci al buio. Non l'abbiamo provato). Spesso i laser portatili vengono confezionati con occhiali di sicurezza, ma sono troppo scuri. Vedi sotto.

3. L'opzione più semplice è quella di fare in modo che sia una regola del gruppo mantenere tutti i laser sotto i 5mW (mW = milliwatt) e rinunciare agli occhiali. Un laser che si sa essere GARANTITO di 5mW o meno non causerà danni biologici. Sì, questi puntatori laser sono tra i più deboli. Non sarai il più spettacolare del parco, ma sono più che adeguati in condizioni di oscurità. Per saperne di più sulla necessità della garanzia:

Comprate solo da venditori che possono garantire l'uscita ottica misurata!!! Uno studio del 2013 ha rilevato che il 90% dei puntatori laser è sovradimensionato. Anche i puntatori laser possono essere facilmente sottospecifici. I puntatori laser economici non hanno un'alimentazione stabile, quindi non possono essere testati in modo affidabile. Inoltre, non è consigliabile comprare laser a buon mercato perché potrebbe non avere un filtro a infrarossi, cosa che, senza scendere in dettagli troppo tecnici e complicati, lo rende più rischioso da usare intorno alle superfici riflettenti. Per quanto riguarda il colore, scegliete il verde (532nm). Questa lunghezza d'onda è la migliore per l'occhio scuro e appare 35 volte più luminoso dei laser rossi della stessa forza.

Non puntare MAI verso un aereo o un elicottero o qualsiasi cosa pensiate possa essere un mezzo di trasporto umano! Questo è un reato federale: comporta una multa di 100.000 dollari e/o 5 anni di prigione qui in Canada. Negli Stati Uniti, si potrebbe incorrere in una multa di 250.000 dollari e/o in una pena detentiva fino a 25 anni. Naturalmente non volete scontare una pena, ma quello che davvero non volete fare è accecare un pilota. A questo proposito, quando indicate un UFO con un puntatore laser, disegnate un grande cerchio intorno ad esso (o puntatelo di lato). Non puntatelo direttamente, anche se siete sicuri che non sia un velivolo umano. Anche gli ET hanno gli occhi. Forse.

Occhiali di sicurezza: Non abbiamo mai usato occhiali di sicurezza, ma se li provate, avete bisogno di occhiali specifici per il colore e la forza del puntatore laser, e fatti per l'uso di notte. Questa pagina contiene una buona recensione degli occhiali di sicurezza per l'uso da parte degli aviatori (al posto di quelli per i tecnici di laboratorio): http://www.laserpointersafety.com/laserglasses/laserglasses.html Le selezioni in questa pagina includono: Laser- Gard di Sperian ($99 USD) e Flash Fighters ($239 USD).

Venditori rispettabili per i puntatori laser:

Zbolt http://www.z-bolt.com/
- *"Constant On/Off Green Laser Pointer"* $48 USD, batterie AAA, garantito tra 4mW e 5mW.
- *"Astronomy Green Laser"* $58 USD, batterie CR123A. (Sono batterie al litio, che funzionano meglio al freddo rispetto a quelle alcaline.) Garantite tra 4mW e 5mW.

Laserglow https://www.laserglow.com
- "*Anser Series*" 5mW 532nm 532nm $39 USD, batterie AAA, garantite tra 3mW e 5mW. Se lo chiedete nel modulo dei commenti al momento dell'ordine, potete farli scegliere per voi tra 4,5mW e 5mW.
- Sono dotati di occhiali di sicurezza e consigliano il modello *Glareshield* per i piloti notturni. "AGS5323PX" qui: https://www.laserglow.com/AGS.

Punti Laser http://www.laserpoints.com
- *"SKY 5mW 532nm Green Laser Pointer Pen"* $39.99 USD, batterie AAA. Quando si effettua l'ordine chiedete di testarlo perché sia tra 4mW e 5mW e di installare un filtro a infrarossi.

Aula Laser http://store.laserclassroom.com/
- *"Classroom Green Laser Pointer"* $35 USD, batterie AAA. Dicono di garantire una potenza compresa tra 3mW e 5mW. Confermare questo quando si effettua l'ordine.
- Questo sito vende anche un proiettore olografico molto fico per il cellulare a soli $15.

Uso sicuro

Ora ripassiamo quanto sia pratico l'uso del puntatore laser! Sono super divertenti.

- Mostra al gruppo i punti cardinali della bussola: nord, sud, est, ovest.
- Come gli astronomi ad uno *Star Party*, usatelo per indicare oggetti celesti, stelle, costellazioni, pianeti e così via.
- I puntatori laser sono ottimi per segnalare anomalie nel cielo notturno, come ad esempio il punto in cui è appena scattato un flash, piccoli presunti satelliti difficili da vedere, ecc.
- Nel protocollo originale CSETI, i puntatori laser sono usati per segnalare l'esatta posizione del gruppo: "NOI SIAMO QUI!" Per fare questo, bisogna dipingere un modello intelligente nel cielo notturno, come un triangolo, un cerchio o un simbolo dell'infinito. Potete anche far lampeggiare il puntatore laser una volta per ogni parola: Noi - Siamo - Qui. Fatelo all'inizio del lavoro sul campo e di nuovo ogni tanto. Mostrare la propria posizione agli ET è divertente, ma non è necessario: Loro sanno dove sei.
- Potete segnalare a un UFO che siete certi non sia terrestre (segnalate a lato per essere sicuri). Utilizzate uno schema coerente e semplice (ad esempio tre brevi impulsi). Se ricevete un segnale di ritorno, fate a vostra volta un segnale. Congratulazioni, avete appena raggiunto un "lock-on" con l'astronave! Potete quindi indicare un punto di atterraggio che avete scelto e dove vorreste far atterrare una navicella, se siete fortunati a tal punto.
- Suggerimento: I puntatori laser che alimentati a batterie mini-stilo tripla A possono raffreddarsi. Riscaldate il puntatore laser in mano per migliorarne le prestazioni.

Attrezzatura

APPLICAZIONI

Ci sono una serie di applicazioni telefoniche utili per iOS e Android che possono facilmente aiutarvi con il vostro lavoro di Contatto. Tra le altre cose, alcune applicazioni possono aiutare a escludere le tecnologie/materiali umani nel cielo. Se ci riesci, cerca di trovare applicazioni che non richiedono una connessione a Internet per funzionare, e poi fai in modo che tutti mettano il telefono in modalità aereo mentre sono sul campo, in modo che se vengono utilizzati dispositivi elettronici (vi diremo di più su quelli di seguito), ci saranno meno possibilità di interferenze elettromagnetiche. Ci sono molti tipi di app per ogni categoria qui sotto. (Con l'evoluzione della tecnologia, le app vanno e vengono, ma faremo del nostro meglio per raccomandarne alcune per farvi iniziare. Se trovate qualcosa di meglio, fatecelo sapere!) La maggior parte dovrebbe avere la possibilità di farvi provare una demo per vedere se vi piace prima di comprarla. Anche se molte sono gratuite, potrebbe essere necessario pagare un po' per le app più sofisticate, oppure pagare per l'aggiornamento. Controllate le recensioni.

Localizzatore satellitare
Trovate un'applicazione di localizzazione satellitare che visualizzi il nome del satellite in tempo reale quando lo puntate, facilitandone l'identificazione. Alcune applicazioni satellitari si collegano a un database, quindi potrebbe essere necessario l'accesso a Internet mentre si è sul campo; altre no. Tenete presente che i satelliti militari o di spionaggio probabilmente non verranno visualizzati. Controllate: SkySafari 5 (iOS/Android), Sky Guide AR (iOS), Stellarium Mobile (iOS/Android)

Tracciatore di traffico aereo
Queste applicazioni mostrano quali sono gli aerei registrati che volano vicino a voi, insieme alla loro traiettoria di volo, origine, destinazione, tipo di aero e altitudine, ecc. Ma per ovvie ragioni di sicurezza, non traccia i velivoli militari, quindi non vedrete aerei spia, jet da combattimento o Air Force One! Controllate: FlightRadar24 (iOS/Android), Plane Finder-Flight Tracker (iOS), Planes Live (iOS)

Tracciatore di Iridium Flare: Storicamente divertente, ora defunto
I razzi Iridium Flares sono ormai purtroppo un ricordo del passato. La prima generazione di questi satelliti, lanciati per la prima volta nel 1997, aveva delle antenne grandi come porte e simili a specchi, che erano perfettamente angolate per lampeggiare brillantemente nel cielo notturno quando il sole si rifletteva momentaneamente su di esse. La seconda generazione, chiamata "Iridium NEXT", ha una nuova geometria di design, e non dovrebbero accendersi. Si potrebbe comunque vedere un piccolo luccichio, anche se i satelliti non sono così strettamente controllati come in precedenza, e quindi non si potranno fare calcoli per individuare il tempo esatto di passaggio. Il nuovo set è stato ormai completamente lanciato in orbita. Quindi, se avete già questa app, potete cancellarla fino a nuovo avviso.

App di Costellazioni
Ti fanno conoscere le costellazioni che osservi, i pianeti e le stelle. Alcune applicazioni mostrano inoltre dove si trovano il telescopio Hubble e la Stazione Spaziale Internazionale (ISS). Sapevate che la Stazione Spaziale Internazionale è un laboratorio di ricerca che ospita da 3 a 10 persone provenienti da vari paesi in qualsiasi momento?
Astronauti, cosmonauti e turisti spaziali di 17 nazioni diverse l'hanno visitata. È stata occupata ininterrottamente dal novembre 2000. Guardate: SkyView Free (iOS/Android), Sky Map (Android), Sky Walk 2 (iOS/Android), Night Sky (iOS), Night Sky Lite (Android), Stellarium Mobile (iOS/Android), Sky Guide AR (iOS), Sky Rover (iOS)

Attrezzatura: Applicazioni

Mappa dell'inquinamento luminoso
Ottimo per aiutarvi a localizzare un sito in campo scuro relativamente privo di inquinamento luminoso. Tutti noi vogliamo vedere di più della Via Lattea, giusto? Guardate: Light Pollution Map(iOS/ Android), Dark Sky Finder (iOS), Dark Sky Map (Android), Scope Nights (iOS)

Previsioni del tempo/Condizioni della neve
Previsioni meteo affidabili per gli astronomi con particolare attenzione alla copertura nuvolosa. Guardate: Weather Underground (iOS/Android), Clear Outside (iOS/Android), Astro Panel (Android), Scope Nights (iOS)

App per registrare suoni digitalmente
Per registrare il vostro lavoro sul campo, le riunioni o semplicemente per dettare le note. Controlla: Smart Recorder (iOS, Android), iTalk Recorder (iOS)

Strumento per il contatto ET
Realizzata da CSETI, questa app ha meditazioni, toni dei cerchi nel grano, un magnetometro, una bussola e istruzioni per l'uso dell'app e per il lavoro sul campo in generale. *ET Contact Tool*(iOS/Android)

Allenatore ESP
La NASA e lo Stanford Research Institute hanno sviluppato questa applicazione. Il suo scopo è quello di migliorare le vostre capacità psichiche. In un programma della NASA durato un anno, 145 soggetti hanno migliorato i loro punteggi, con 4 persone che hanno migliorato i loro punteggi ad un livello cento a uno o superiore. Se vi trovate spesso a ottenere un punteggio di 12 o più, scrivete a: http://www.dojopsi.com/contactrussell.cfm *ESP Trainer* (iOS)

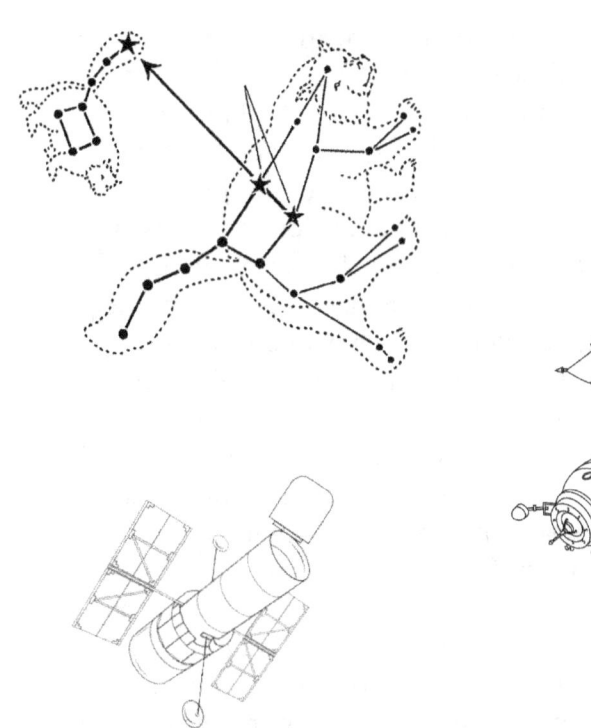

Telescopio Hubble
http://www.supercoloring.com/coloring-pages/hubble-space-telescope

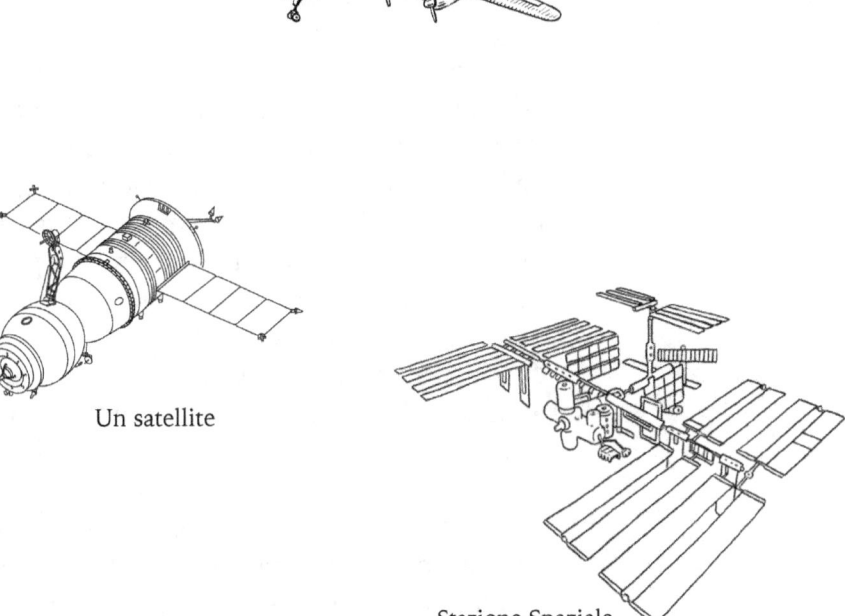

Un satellite

Stazione Spaziale Internazionale

DISPOSITIVI PER RICEVERE LA COMUNICAZIONE CON

Il nostro gruppo non è molto tecnico. La maggior parte delle informazioni che seguono provengono dal nostro mentore tecnico Deb Warren, di Vernon, BC, che si occupa di CE-5 da molti anni.

Molte persone che fanno CE-5 usano una varietà di gadget per ascoltare gli ET. Quello che si fa con uno di questi aggeggi è di accenderne uno, magari regolare alcune impostazioni, e poi aspettare che faccia un suono o un bip o qualsiasi rumore faccia. Questi apparecchi non possono spegnersi da soli. Devono avere qualche input esterno per dare una risposta di qualche tipo. Bisogna farsene una ragione. Non c'è niente in un accampamento in remoto che possa far scattare questi dispositivi. Chiedete ad un laureato in Scienze Elettromagnetiche.

- Quando accendete le apparecchiature, spegnete i vostri telefoni cellulari e spegnete qualsiasi televisore nelle vicinanze.
- L'attività del dispositivo corrisponderà a volte ad avvistamenti.
- Decodifica delle trasmissioni ET:
    - Un "Beep" = No (o silenzio per il contatore Geiger)
    - "Beep Beep" = Sì
    - "Beep Beep Beep Beep" = "Siamo qui".

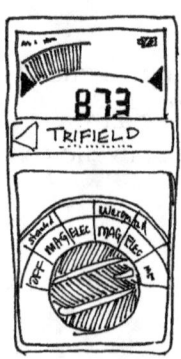

Rivelatore del campo magnetico (*EMF Meter*) $21 - $245 USD
Un misuratore di campi elettromagnetici (noto anche come magnetometro o misuratore a tre campi) rileva i campi emessi da oggetti elettricamente carichi. Nella vita di tutti i giorni, i misuratori di campi elettromagnetici sono utilizzati per diagnosticare problemi con il cablaggio elettrico, le linee ad alta tensione e l'efficacia del sistema di isolamento. Quindi, se ci si trova in mezzo al nulla e uno si spegne... è strano.

Il misuratore Trifield 100XE di AlphaLab Inc. è stato lo standard per molti gruppi CE-5. AlphaLab ora ha un nuovo modello, il TF2: https://www.trifield.com/product/trifield-emf-meter/ $168 USD. Il nuovo modello fa un "bip" invece di "suonare". Se preferite il suono analogico e state cercando un vecchio modello, assicuratevi di avere la conferma dal venditore che ciò che state acquistando emetta un suono, in quanto si trattava di una funcionalità accessoria. (Un misuratore con suono ha una manopola per regolare lo "squelch" sul lato destro.) Se foste fortunati, potreste trovarne uno con una luce rossa, che è utile per vedere al buio quando c'è da leggere. I dispositivi nuovi non hanno un'opzione per la luce rossa. Se pensate che questo possa essere un miglioramento del dispositivo, ditelo al momento dell'ordine, perché il produttore è molto reattivo e ha già migliorato i livelli sonori per il TF2 sin dalla prima produzione. Impostate il vecchio modello su "Range da 0 a 3" per le impostazioni di magnetismo e il nuovo su "Calibrazione magnetica". Il rilevatore capta i campi magnetici umani, quindi assicuratevi di averlo impostato su un valore sufficientemente basso, così da non captare le persone che si trovano nelle vicinanze. Impostatelo basso al punto che se mettete la mano vicino ad esso, emetterà un suono. Poi tenetevi lontani. Dopodiché, se emette un suono senza che qualcuno lo afferri, c'è un cambiamento anomalo del campo magnetico. Potete testare il vostro dispositivo impostandolo su una modalità silenziosa e avvicinandolo a un dispositivo elettronico come una presa di corrente, un televisore o un forno a microonde.

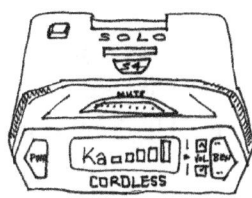

Rilevatore radar portatile $70 - $300 USD
Qualsiasi rilevatore radar per auto è adeguato. Quando un ET invia una trasmissione, il rivelatore emette un suono molto diverso e distinto rispetto a quello che fa quando funzione regolare di rilevamento mentre si sfreccia in autostrada. Impostatelo sulla modalità per autostrada (più sensibile) o per città (meno sensibile). Se ne avete più di due, fate qualche test in anticipo per assicurarvi che non si influenzino a vicenda. Sul campo, non puntatene le lenti l'una verso l'altra perché potrebbero generare un falso positivo. Provate l'unità S4: https://www.escortradar.com. Oppure provate http://www.radarsource.com.

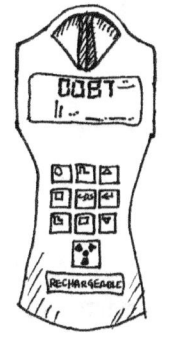

Contatore Gamma Scout Geiger $100 - 440 USD
Ottimo per captare radiazioni e per rilevare navicelle extraterrestri non visibili o tracce di un atterraggio. Gli ET possono anche usarlo come strumento di comunicazione. Farà qualche trillo casuale mentre è in funzione, ma può arrivare a fare a due trilli che stanno per un "Sì", o non fa rumori per indicare "No". La versione ricaricabile ha bisogno di essere ricaricata solo una volta ogni tre anni. https://www.gammascout.com/collections/geiger-counters

Rivelatore di fulmini portatile: $26 - $499 USD
Un tracciatoredi tempeste viene normalmente utilizzato per rilevare i fulmini fino a 50 miglia di distanza. Se il dispositivo rilevasse improvvisamente un fulmine, potrebbe significare in realtà che una navicella ET è apparsa improvvisamente emettendo una potente scarica elettrica.

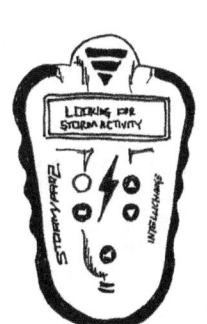

Durante un allenamento dell'aprile 2012, a Marcos Island in Florida, Deb Warren vide un fulmine a forma di palla ma senza rombo, a poche miglia di distanza, con il tracciatore di tempeste che non smetteva di suonare. Poi, la notte successiva, c'è stata una tempesta di fulmini che è partita a 25 miglia di distanza, avvicinandosi fino a meno di un miglio, e il segnalatore di tempesta emetteva un segnale acustico ad ogni fulmine. Gli ET stavano interferendo con qualcosa la prima notte, e per fare un confronto, la notte successiva è passata una vera e propria tempesta. Per acquistare:
https://www.ambientweather.com/sptb2iy.html

Termometro digitale per esterni: $12.99 USD e oltre
Monitora la temperatura e il livello di umidità dell'aria durante il lavoro sul campo. Se la temperatura dell'aria aumenta improvvisamente, può indicare che una nave ET è in volo direttamente sopra di voi; cosa ancora più entusiasmante, il gruppo potrebbe trovarsi all'interno di un'imbarcazione dematerializzata. Disponibile praticamente ovunque.

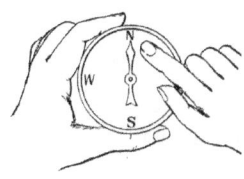

Bussola ~$10 in su

Si può usare una semplice bussola. Quando viene influenzata da presenza ET, la lancetta si sposta verso sud invece che verso nord.

Attrezzatura

DISPOSITIVI PER REGISTRARE GLI AVVISTAMENTI

Sapete perché la maggior parte delle riprese degli UFO sono sfocate, confuse, mosse, incomplete, ecc.? Perché è dannatamente difficile ottenere filmati di un UFO, ecco perché. È notte fonda, non si vede niente, hai i guanti, hai dimenticato quale pulsante fa cosa, non riesci nemmeno a trovare l'UFO nel tuo mirino. Quando lo trovi, non sei bravo a tracciarlo perché sei così eccitato o perché la tua fotocamera è così zoomata che è come guardare al microscopio un'ameba del cielo che va a velocità fulminea. Non appena l'UFO esce dall'inquadratura (perché stai scuotendo la telecamera, o ti perdi cercando di tenerlo d'occhio in modo da poter partecipare anche tu all'avvistamento), devi ritrovarlo. Personalmente ho rinunciato a fare filmati e a cercare di guidare un gruppo allo stesso tempo; è troppo complicato. Se vi sentite confusi come me, delegate un'altra persona, o abbiate una dinamica con il co-leader o con il gruppo che vi permetta di avere il tempo di armeggiare con l'attrezzatura.

Videocamere per visione notturna

Luna LN-DM50-HRSD ~$400 USD

- Questa ce l'abbiamo. È utile avere la visione notturna e il videoregistratore tutto in un unico dispositivo, ma ha uno zoom molto forte, così viene si registra solo una piccola parte del cielo. Usarla è come far scattare una torcia elettrica in uno degli occhi, quindi monitorare avanti e indietro la visione del cielo e la documentazione è un po' impegnativo. http://www.lunaoptics.com

Bushnell Equinox Z ~$340 USD

- Un monocolo per la visione notturna con capacità foto/video. Consuma molto le batterie, ma con una batteria esterna come la Limefuel Blast L60X, acquistabile per 30 dollari, dura per ore e ore. http://www.bushnell.com

Digiforce X970 ~$760 USD

- Questa è l'ultima uscita della Pulsar. Ha funzionalità foto/video. Include reticoli per la ricerca a portata. Non sappiamo cosa significhi, ma suona bene. http://pulsarnv.com

iGen 20/20 ~$399 USD

- Si potrebbe considerare questa telecamera per avere un campo visivo più ampio. Anche se la sensibilità è inferiore rispetto alla X970 qui sopra, l'obiettivo iGen è filettato in modo da poter montare teleobiettivi o adattatori grandangolari. http://www.nightowloptics.com/index.php (Cliccare su "iGen" a destra)

Ranger RT ~ $900 USD

- Abbiamo sentito alcune buone recensioni sullo Yukon Ranger Pro, anche se non è più in produzione. Se non ne trovate uno al banco dei pegni, fate una ricerca sugli altri dispositivi di visione notturna della serie Ranger venduti dalla Yukon Optics. http://yukonopticsglobal.com/products/

Telecamera a infrarossi $100 USD e oltre
È possibile ottenere una macchina fotografica a infrarossi Bell e Howell a buon mercato da Amazon o eBay. Funziona bene. Cercate: "Videocamera per visione notturna Bell Howell IR"

Macchina fotografica tradizionale
- È possibile utilizzare una normale fotocamera per catturare foto o video di UFO. Per ottenere i migliori risultati, utilizzate una fotocamera con un ISO elevato.
- Una volta ho scattato diverse foto del cielo cercando di capire se una delle "stelle" che stavo guardando si muoveva in cerchio su di me. Non ho mai capito se me lo stavo immaginando o no, perché dopo aver scaricato le foto sul mio computer ero molto più interessata all'UFO rosso e bianco brillante che magicamente appariva nell'inquadratura. Usavo la mia macchina "punta e scatta", una SONY Rx 100 iii, Max ISO 128.000.
- La nostra mentore di CE-5, Deb Warren, ha ottenuto buoni risultati con la sua Canon D5 Mark 2 ISO 25.000. Per vedere un campione delle sue foto, cercate su google: "*CSETI Joshua Tree jewel-like ET Craft*"
- Il famoso video di Vero Beach Twin Ships è stato girato con una Sony A7S. Questa linea di macchine fotografiche ha una notevole capacità in condizioni di bassa luminosità, da ISO 100,00 a 400,000.

Fotocamere specifiche per filmare sfere di luce:
Se scattare foto dell'attività delle sfere di luce è la vostra passione, le vecchie fotocamere digitali che non hanno la tecnologia '*hot mirror*' (filtri a infrarossi) funzionano meglio. Utilizzatele con un flash. Nel libro "The Orb Project", i ricercatori hanno utilizzato una Pentax Optio 330 e una Nikon Coopix 8800. Qualcuno del nostro gruppo usa la Canon PowerShot sd1100IS con discreto successo. Per consigli su come scattare foto di sfere di luce visitate: https://orbwhisperer.com/orb-photography-tips.

Luce a infrarossi $15 - 30 USD
Una semplice luce a infrarossi utilizzata di notte aiuta a vedere meglio le sfere quando si utilizzano gli occhiali per la visione notturna o la solita fotocamera o registratore video.

Come catturare i fenomeni nelle immagini
Alcuni fenomeni appariranno nelle foto finali senza che si vedano nel momento in cui la si scatta. Qualsiasi macchina fotografica è adatta a questo scopo. Istruzioni:
- Cercare di catturare fenomeni non fisici e/o degli ET.
- Il crepuscolo è un momento particolarmente adatto per farlo.
- Meditate, concentratevi sulla comunicazione, sentite l'energia che scorre.
- Poi scattate foto casuali dell'area e del cielo.
- Se siete al chiuso, provate a scattare foto di una stanza poco illuminata con il flash. Mirate ad aree come gli angoli, così come a sfondi che non sono bianchi, perché saranno più facili da vedere durante la revisione.
- Si ritiene che una particolare macchina fotografica si calibrerà in base al vostro intento e catturerà tanti più fenomeni tanto più la utilizzerete per questo scopo.

Attrezzatura

FOTO

Ecco alcune foto scattate da persone del nostro gruppo e da diversi collaboratori di questo manuale:

Due anomale figure grigie, Area di Calgary, novembre 2016

Un'energia anomala invisibile a occhio nudo. Lago Motosu, Giappone, 21 marzo 2015

Una luce lampeggiante sul Monte Adams, prima e durante il flash. Non ci sono strade che portano a questo posto. Anche l'intensità della luminosità era anomala. ECETI, Stato di Washington, maggio 2018. (Nota: i dispositivi di visione notturna, come il monoculare Luna Optics usato per raccogliere questo filmato, registrano i flash e gli sbalzi energetici come più luminosi di quanto non appaiano ad occhio).

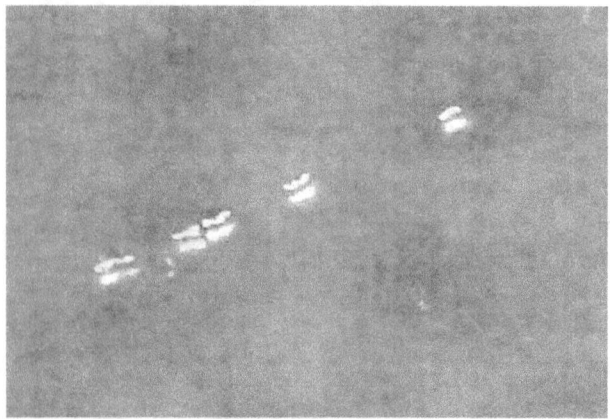

5 foto sovrapposte di una navicella in movimento non vista ad occhio. Monte Shasta, California, luglio 2016.

Moltitudine di sfere. ECETI, Stato di Washington, maggio 2018.

Attrezzatura: Foto

Due UFO mentre viaggiano verso una casa, visti da più testimoni.
Volcano, California, novembre 2016.

Classico UFO a scodella. Tokyo, Giappone, novembre 2016.

Si dice che gli UFO a volte si camuffino come nuvole. ECETI, Stato di Washington, luglio 2017.

Horizon visto **attraverso** la testa di Keiko, ECETI, Stato di Washington, maggio 2018.

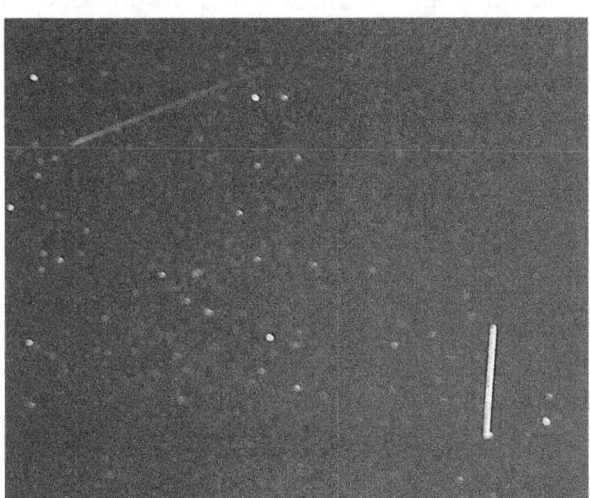
Streaker e presunto satellite luminoso.
Calgary Area, agosto 2017.

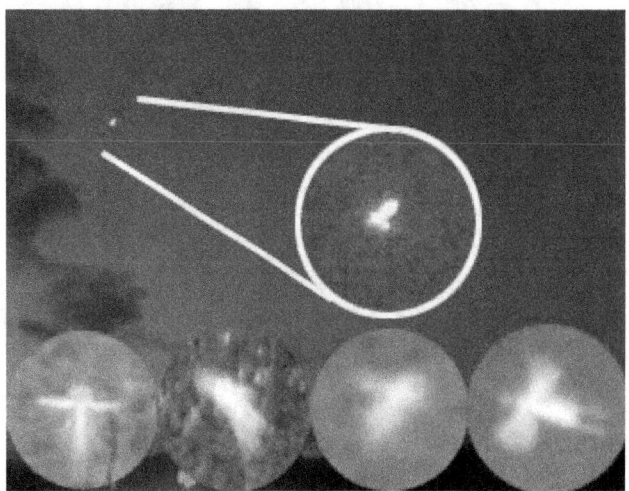
Luci anomale, non visibili ad occhio nudo.
ECETI, Stato di Washington, maggio 2018, e Buffalo Lake, Alberta, luglio 2018.

COMUNICAZIONE INTERIORE

Poiché questa esperienza riguarda più la crescita personale che gli avvistamenti, aspettatevi di avere più esperienze interiori che esteriori, soprattutto all'inizio. Questo avverrà non solo durante il CE-5, ma anche durante lo stato di sogno, la meditazione e la vita quotidiana. Saprete che vi state espandendo quando vi sentirete sempre meglio. Il modo in cui darete e riceverete amore sarà incondizionato, dipenderà solo dalle vostre credenze/ dal vostro stato, e non dagli altri /da circostanze al di fuori del vostro controllo. Questa sezione è notevolmente più breve della parte relativa alle Comunicazioni esterne. Le esperienze interiori sono intime, uniche per ogni persona, e di solito impossibili da trasmettere completamente. Quindi qui la facciamo breve e vi invitiamo ad approfondire.

Fondamentalmente: La comunicazione interna e l'interazione avverranno attraverso i vostri cinque sensi. Se siete nuovi all'approccio alle vostre capacità psichiche latenti, allora avrete bisogno di un po' di pratica per iniziare ad essere consci di queste esperienze:

- Chiaroveggenza: Vedere una visione, un simbolo, un'aura, energia, luci, ecc. Può accadere nell'occhio della vostra mente, o può sembrare del tutto reale.
- Chiarudienza: Sentire una voce, un rumore, un suono, una musica, ecc. Questo può includere sentire un ronzio nelle orecchie. Può essere una parola, una frase o un messaggio scaricato che poi si traduce. Può sembrare come un pensiero, "una voce nella vostra testa" o una voce distante, o un suono.
- Chiarosenzienza: Sentire qualcosa dentro/sopra/vicino al corpo: sensazioni, cambi energia, tatto, emozioni, vibrazioni, presenze, ecc. Ancora una volta, può essere appena o concretamente percepibile.
- Chiarolfatto: Annusare qualcosa che gli altri non possono percepire.
- Chiarogustanza: Sentire il sapore di qualcosa che gli altri non possono percepire.

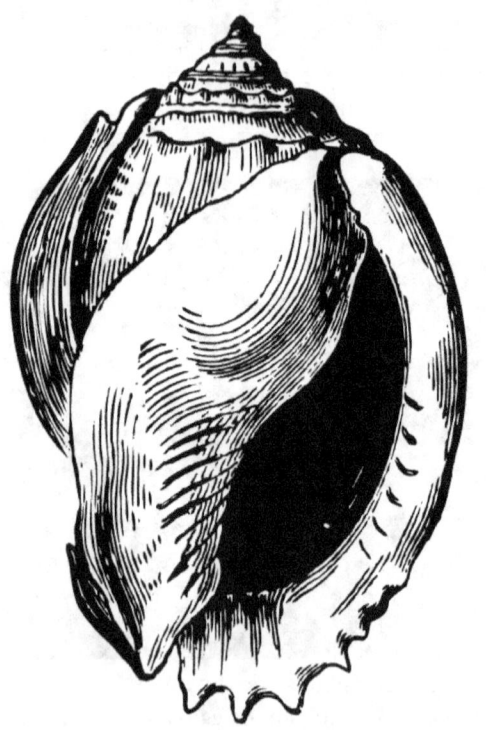

Si possono provare diverse forme di comunicazione psichica che si verificano contemporaneamente. Si può avere una piena interazione con un'entità. Questo potrebbe accadere più facilmente in uno stato di onde cerebrali alfa o theta, in meditazione, nei tuoi sogni, o nello stato tra il sonno e la veglia. Potreste avere un'esperienza che sembra pienamente fisica e reale e poi realizzare che non lo è quando qualcun altro non riesce a percepirla. Le sincronicità possono aumentare. Si possono avere sensazioni corporee indicative di scarico di energia o di miglioramenti o guarigioni.

Esercitate le vostre capacità psichiche: quando il telefono squilla, indovinate chi è. Quando avete una scelta da fare nella vostra vita, chiedete una guida e seguite il vostro intuito. Procuratevi l'applicazione ESP Trainer. Scoprite di più sul sogno lucido e invitate un'esperienza/ET ad incontrarvi lì.

Comunicazioni specifiche

Scaricare l'energia:

> Sul campo, si può improvvisamente iniziare a sentire onde di energia scorrere su o giù per il corpo, che lentamente si intensificano. Nel frattempo, si può sentire una sensazione di formicolio sulla punta delle dita e sui piedi e/o spasmi muscolari nel busto. Si può anche sentire un po' di nausea e di mancanza di respiro. Tutti questi segni possono indicare che state sperimentando un qualche tipo di scaricamento di energia. Se questo accade, mettetevi a terra. Date all'energia un posto dove andare. Piantate i piedi saldamente a terra, idealmente senza scarpe. Oppure potete tenervi per mano con gli altri membri del gruppo. In alternativa, potete stringere un grande cristallo se ne avete uno, o abbracciare un grande albero. Cercate di fare respiri profondi e di rimanere calmi e rilassati. Può sembrare sconvolgente e spiacevole, ma accettate questa energia come un dono speciale. Può significare che state ricevendo una messa a punto energetica, un aggiornamento del DNA, una purificazione del chakra o una guarigione speciale. Potrebbe anche significare che il vostro corpo viene usato come un condotto per dispensare energia di guarigione ad alte dimensioni nella terra. Qualunque cosa sia, godrete di un chiaro senso di apertura energetica, di risveglio e di euforia nel giro di un giorno o due. Alcune persone hanno raccontato come questa esperienza unica abbia cambiato la loro vita in modo profondo e positivo.

La fusione:

> Mentre si è in uno stato di rilassamento e di alta vibrazione, si può improvvisamente sentire un senso di calore, di confusione, di formicolio o di beata sensazione interiore che si sviluppa, si muove e fluisce lentamente attraverso il corpo. Questo può indicare che state sperimentando una fusione; cioè, un essere smaterializzato sta interagendo con il vostro campo bioelettrico. È un modo sicuro per un'entità di confermare la sua presenza a livello energetico. La decisione di accogliere e sostenere questa interazione, o di interromperla, è però vostra, potete comunicarla attraverso l'intenzione. La scelta è vostra. L'entità può anche esprimere curiosità e scegliere di esplorare, studiare o connettersi con i vostri corpi energetici fisici e intrinseci. Può essere coinvolto un processo di guarigione. Per molti, questo tipo di connessione è un dono unico.

"È la mia immaginazione o una vera esperienza psichica?" La risposta non è importante quanto la vostra esperienza, ma ha un significato personale in entrambi i casi. Tuttavia, man mano che vi esercitate, imparerete a conoscere la differenza. Quando diventerete un canale veramente chiaro, vi sarà del tutto ovvio quando la comunicazione entrerà a far parte della vostra esperienza. Se sei su in un CE-5, non essere imbarazzato, condividi la tua esperienza con il gruppo, che tu ne conosca o meno l'origine. Nella scienza bisogna essere impavidi. Potete fare la premessa che non sapete che succede. La vostra esperienza può essere importante per qualcuno del gruppo.

COMUNICAZIONE ESTERNA

Presunti satelliti
Tutti i satelliti sono chiamati "presunti" per indicare che non sappiamo veramente cosa siano senza una prova. I satelliti viaggiano nel cielo ad un ritmo lento, e a volte possono brillare quando il sole si riflette sulle loro componenti, come i pannelli solari. I satelliti NOSS, o satelliti simili a NOSS (Sistema di Sorveglianza dell'Oceano Navale) si vedono in coppia o in terzine. Distinguere i veri satelliti è un'impresa divertente. Ecco alcuni punti che fanno parte della discussione. Non perdeteci troppo tempo e non prendetela troppo sul serio, perché gli avvistamenti davvero innegabili sono previsti nel vostro futuro.

- I satelliti hanno dimensioni che vanno da quelle di un melone a quelle di un grande pick-up, e la distanza in orbita dalla terra varia dai 180 km ai 35.000 km. Quali sono le dimensioni dei satelliti che possono essere visti ad occhio nudo?
- La Stazione Spaziale Internazionale (ISS) ha le dimensioni di un campo da calcio e si trova a soli 400 km di altezza. La stazione è visibile. (In realtà non è un satellite: è un laboratorio scientifico con un numero da 3 a 10 astronauti che risiedono al suo interno in qualsiasi momento, fico eh?)
- Un satellite Iridium è grande come un camion, è a 780 km, ed è appena visibile. (La prima generazione di questi satelliti produceva un razzo molto visibile. Purtroppo, la seconda generazione, ora completamente dispiegata, non è prevista per il brillare).
- Movimento: La maggior parte dei satelliti si muove in una direzione: la rotazione della terra va da ovest a est. I satelliti militari si muovono perpendicolarmente a questa rotazione: da nord a sud (o da sud a nord). Non ci sono molti satelliti che vanno da est a ovest perché è più costoso lanciarli in un'orbita retrograda.
- Un modo per scoprire con certezza se un satellite è "presunto" o meno è chiedergli di accendersi o cambiare direzione. Raccogliete le vostre menti e i vostri cuori e chiedetelo: ai gruppi è stata data una risposta!
- Alcuni presunti satelliti "ammiccano" o "scintillano" brillantemente. Potrebbe essere un satellite che rotola nello spazio, riflettendo il sole su una parte lucida. Oppure no.
- Certe notti vediamo TANTI presunti satelliti; in altre vediamo a malapena qualcosa. Potremmo provare ad approfondire con un'applicazione sui satelliti, ma c'è anche da considerare la spazzatura spaziale. Abbiamo rinunciato a farlo e deciso di lasciare la gestione al "presunto satellite" in modo che questo comunicasse con noi.

Presunte meteore o *Streakers*
- Anche questi sono chiamati chiamati "presunti" perché non possono essere verificati in un modo o nell'altro. La parte più anomala degli streaker è il grande numero che se ne può vedere in una notte di CE-5. Assicuratevi che non sia una notte di pioggia di meteoriti se fate questo tipo di avvistamento.
- Ci sono così tanti tipi di streaker che variano per: dimensioni, velocità, colore, distanza percorsa. Durante un ritiro al Monte Shasta abbiamo visto degli streaker che hanno attraversato l'intera larghezza del cielo in una frazione di secondo, grandi, spessi, arancioni e verdi, streaker che avevano un "traballamento", e uno streaker con una forma che si separava in due all'estremità anteriore.
- Le striature appaiono spesso in tempi sincroni, per esempio, quando diciamo "Grazie" alla chiusura del CE-5, o quando un ET vuole evidenziare qualcosa che ha detto qualcuno e con cui sono d'accordo.

Presunte stelle
Le stelle "presunte" si muoveranno nella direzione opposta a tutte le altre stelle. Per capirlo avrete bisogno di un punto di riferimento come un albero. A volte lampeggiano e si spengono, oppure scintillano di colori diversi. Tenete presente che anche le stelle vicine all'orizzonte scintillano a causa della rifrazione.

Flashbulb
Un "flashbulb" è un rapido lampo di luce che dà l'impressione che qualcuno lassù abbia scattato una foto con il flash della macchina fotografica acceso. È veloce! Chi vede il primo flash dice al gruppo dove questo si trovava e tutti si concentrano su quel punto - molto spesso ne seguono degli altri. A volte i flashbulb rimangono in un unico posto. A volte si muovono e continuano a muoversi, a volte in modo irregolare, a volte ritmico, a volte a *zig-zag*, a volte dritte. Abbiamo visto per due volte una serie di flash che ha lampeggiato più 50 volte, troppe per poterle contare con precisione. La prima volta, la gente si è annoiata dopo aver contato più di 45 flash e poi è tornata a raccontare storie di UFO mentre io urlavo "... 48! ... 49! ... 50!" Amo il mio gruppo.

Power-up
Un *power-up* inizialmente sembra un presunto satellite, qualcosa a volo basso, una stella o un aereo. Poi la luce si fa più intensa, o un grande globo luminoso lampeggia o "si accende" intorno ad esso. Un bell'esempio di power-up è sul canale YouTube di Deb Warren: https://www.youtube.com/watch?v=OHC8X4j-i38. Quando guardate i filmati, tenete presente che i dispositivi di visione notturna aumentano la poca luce disponibile, quindi l'entità di un power-up è esagerata rispetto a ciò che vedremmo a occhio nudo.

Oggetto che vola basso
Sono avvistamenti emozionanti. MOLTO più luminosi di qualsiasi altra cosa nel cielo, queste luci sembrano trovarsi più in basso nell'atmosfera.

Sfere di luce
Cosa sono le sfere di luce? Probabilmente avrete visto queste sfere nelle fotografie. La spiegazione convenzionale è che si tratta di luce che rifrange le particelle di polvere. Tuttavia, è strano che possano muoversi contro il vento, accelerare, rallentare, fare virate, e sembrano assistere in modo giocoso a situazioni ad alta energia. Possono essere in movimento o stazionarie, e si osservano in tutti i colori e in tutte le dimensioni, da quelle minuscole a quelle gigantesche. Alcune persone possono vederli ad occhio nudo. La maggior parte delle persone li vede con gli occhiali per la visione notturna. Le vecchie fotocamere digitali (senza filtri IR) possono essere usate per riprendere fenomeni di luci sia in interna che in esterna. Usate un flash, ma fate attenzione a non accecare nessuno nel gruppo (non ne saranno felici!). Potete anche usare una semplice luce a infrarossi per rendere più facile la visione delle sfere. Individualmente o come gruppo, potete anche invitare le sfere per una foto - potreste rimanere sorpresi da quanti si presentano per una foto di gruppo!

Sonde
Piccole luci che si avvicinano al gruppo. Possono anche apparire all'interno del cerchio di contatto. Possono anche apparire come piccole luci scintillanti. Possono essere intelligenti. Possono raccogliere informazioni. Possono anche dire solo "Ciao".

Cielo distorto
Una macchia nel cielo che sembra come attraversata da onde di calore, o una macchia che luccica, che può essere colorata, o più scura.

Escludere i veicoli umani
- Aerei ed elicotteri hanno luci di navigazione e luci stroboscopiche, volano bassi, hanno velocità e manovrabilità limitate e fanno rumore.
- I droni possono avere o meno una luce, emettono un rumore se sei abbastanza vicino da sentirlo, hanno velocità e capacità limitate e non sono autorizzati a volare molto in alto. L'ultimo punto può essere irrilevante: le persone possono farli volare in alto indipendentemente dalle leggi.

La roba seria: le navi ET o le Navicelle Spaziali Militari (alias i Veicoli di RiproduzioneAliena, o ARV)
L'esercito sta nascondendo la sua flotta di astronavi, progettate a partire degli UFO che si sono schiantati. Una dei miei amici ha sposato uno specialista militare top-secret che ha visto una di queste astronavi nell'Area 51. (Lui raccomanda di fare una Million Man March alla base per chiedere di vedere nascondano, se qualcuno vuole organizzarla). Possiamo capire la differenza tra un ARV e una nave ET nei cieli? Probabilmente no. Diamo per scontato che i militari non rispondano alle nostre richieste telepatiche. Sia gli ARV che le navi ET possono:
- Fare una virata ad angolo retto, invertire la rotta, o fermarsi e muoversi di nuovo in modi che aerei, droni ed elicotteri non possono fare.
- Fare "power-up".
- Non avere uno strobo di navigazione.
- Avere velocità incredibili.

I nostri innegabili avvistamenti di gruppo: Al Monte Shasta, in un ritiro tenuto da Kosta, alcuni di noi hanno visto una decina di luci, in due formazioni perfette, che si inseguivano silenziosamente lungo l'orizzonte. Abbiamo anche visto una luce brillante che si muoveva, si fermava, si muoveva, si fermava e si allontanava. Un'altra volta abbiamo visto una luce volare così bassa da illuminare una nuvola. Era un volo basso, e ne abbiamo viste altre tre: luci estremamente luminose che ci sono passate sopra, e poi che hanno rallentato fino quasi a fermarsi all'orizzonte. Consideriamo anche i flashbulbs come avvistamenti confermati.

Lasciar perdere
Non fatevi troppi problemi a capire se un UFO può essere smascherato o se è di origine sconosciuta o interstellare - se le prove non sono così convincenti, perché discuterne? Accettate che potrebbe essere un'imbarcazione e risparmiate le vostre energie per esperienze innegabili. I gruppi di Facebook CE-5 attirano sempre qualche brutto troll... Se sei il tipo di persona che è cattiva con gli altri se il loro modo di distinguerli è discutibile, non avrai molti avvistamenti. Questo perché la "meschinità" è una vibrazione bassa, e se avete una vibrazione bassa, non sarete in grado di accedere agli avvistamenti molto facilmente. Per favore, non fate i prepotenti.

"Perché vediamo solo le luci e non le freddezze fisiche come i piattini e le triangolazioni?".
Gli avvistamenti di UFO da vicino sono diminuiti negli ultimi anni. Chiedete alla gente della loro infanzia o di esperienze UFO di tanto tempo fa e sentirete storie incredibili come quelle del nostro gruppo: un dodecaedro con il contatore rotante superiore alla base, vasti triangoli neri che coprono enormi porzioni di cielo, un'astronave di metallo nella nebbia abbastanza vicina da poterla toccare... i vecchi avvistamenti di UFO erano fichissimi!

Perché ora le luci sono per lo più lontane? Potrebbe essere un problema di sicurezza. Gli ET potrebbero non essere in grado di avvicinarsi troppo perché lo spazio aereo (specialmente lo spazio aereo nordamericano) è estremamente stretto. Immagino che i militari li abbatterebbero se li vedessero. Bello. È possibile, per una questione di sicurezza, che molte navi che interagiscono con i nostri gruppi non siano pilotate da entità organiche ma che siano programmate o comandate a distanza con avanzate tecnologie d'intelligenza artificiale.

Incontrare un'entità:
Finora non abbiamo avuto alcuna interazione diretta con le entità durante un evento CE-5, ma uno del nostro gruppo ne ha incontrata una nella sua casa. Ho anche un'amica nel mio quartiere che è una sciamana indigena che si è trovato faccia a faccia con un'entità, in una delle sue visite a un luogo sacro ai tropici, era insieme a diversi testimoni. Quando la mia amica ha visto l'entità, ha iniziato a piangere... l'entità si è dolcemente allontanata, scivolando indietro nella giungla. Sarebbe un'esperienza intensa per molti motivi, tra i quali ci sono forse un sentimento di profondo sollievo, d'amore travolgente e/o un desiderio di ricongiungimento con le famiglie galattiche da cui ci siamo allontanati per troppo tempo.

La maggior parte di noi non è pronta come uno sciamano ad incontrare un'entità. Naturalmente temiamo l'ignoto o il diverso, e per di più siamo stati programmati dai media per aspettarci che gli extraterrestri siano ostili o malvagi.

Preparare il gruppo per le interazioni faccia a faccia è un buon esercizio da fare. Rilassatevi e entrate in uno stato di concentrazione, accompagnate tutti attraverso una visualizzazione in cui ogni persona incontra un'entità. (Vedi la sezione delle meditazioni per un esempio).

Un altro buon esercizio è quello di visualizzare l'incontro con un ET mentre si svolge la propria routine quotidiana. Immaginate un ET dietro ogni angolo, su o giù per le scale, al bar, bloccato in un ingorgo nella macchina davanti a voi, ecc. Potete anche addobbare le pareti di casa con immagini di ET. Facendo questo, in pratica preparate la mente ad accettare mentalmente ed emotivamente, senza paura o ansia, l'incontro fisico con un essere ET. Il vostro sistema di credenze viene anche riprogrammato per riconoscere che questi piccoli incontri sono in realtà naturali, normali e prosaici. Questa strategia aiuterà a liberare quelle profonde convinzioni inconsce che incontrare un ET nella vita reale è impossibile.

In un CE-5, o nella vostra vita quotidiana, potreste notare alcuni fenomeni che vi conducono all'incontro con un essere: sentire piedi che si avvicinano, la sensazione di un tocco delicato sul terzo occhio o da qualche parte del corpo, o un respiro. Gli esseri possono apparire in forma non fisica, interdimensionale, come luci scintillanti, sfere, forme energetiche, forme scure o sfocate, o possono essere di natura completamente fisica. Si dice che un senso di amore profondo è di solito presente durante queste interazioni, sia che avvenga o meno la comunicazione telepatica.

Altri fenomeni diversi dagli avvistamenti:

- Cambiamenti di temperatura - il vostro corpo o l'ambiente possono riscaldarsi o raffreddarsi di molti gradi.
- Cambiamenti di pressione - il più delle volte avvertiti a livello delle orecchie. Questo può indicare una nave ET sopraelevata.
- Cambiamenti climatici - ad esempio una diminuzione o un aumento del vento.
- Tremori corporee o vibrazioni, dolori o agitazione incontrollabile e irrequietezza.
- Peli del corpo che si rizzano.
- Suoni - ronzii, click, mormorii, animali che rispondono alla presenza di esseri umani ed ET.
- Sentimenti d'amore così forti che le persone si commuovono fino alle lacrime.
- Apparecchiature elettroniche / Luci che si accendono o si spengono spontaneamente, dispositivi che riproducono canzoni da soli.
- Nuvole - forme, colori, movimenti anomali/nuvole colorate.

Suggerimenti

- Incoraggiate le persone a condividere gli avvistamenti e i fenomeni quando accadono. Le persone sono spesso timide e non vogliono disturbare il gruppo. Rassicuratele dicendo che è vantaggioso per tutto il gruppo se condividono, ma se sentite che qualcuno è troppo nervoso, dategli la possibilità di non condividere. Non è un obbligo.
- Spesso le persone non crederanno ai propri occhi, ma chiederanno continuamente alle altre se hanno visto qualcosa perchè non sono sicuri che sia reale o meno.
- Lasciate che le persone condividano anche durante la meditazione – capirete quando è il momento di dire "fico" e continuare con la meditazione o quando bisogna fermare la meditazione per vedere come si sviluppa la cosa.

Da non perdere: il convenzionale fenomeno del cielo notturno

- Le costellazioni, le stelle, i pianeti, la stazione spaziale internazionale, il telescopio Hubble, l'aurora boreale.
- La Via Lattea: addentratevi nella natura selvaggia e ammirate la splendida Via Lattea.
- La rifrazione atmosferica: le stelle ai margini dell'orizzonte, viste attraverso gli strati di aria turbolenta della terra sembrano "scintillare". Guardate questo video per vedere gli interessanti effetti della rifrazione sul sole e sulle stelle. https://vimeo.com/188149183

Vichinghi che Navigano sotto le luci del nord, Gerhard Munthe, 1899

"Perché alcuni avvistamenti di UFO sono così discutibili? Perché non dovrebbero essere ovvi? Cos'è questa stronzata del "presunta"?"
Noi crediamo che le esperienze di avvistamento ad un livello base siano fatte apposta per essere difficili da distinguere. Per noi sono molto accessibili. La maggior parte di noi ha una paura radicata degli "Alieni". Vedere qualcosa e chiedersi se sia di origine umana, se si tratti di fenomeni naturali o di UFO non è così spaventoso. Gli avvistamenti di livello base servono anche ad un altro scopo: È un ponte per la fede. Era forse quello che pensavo che fosse? Potrei credere che potrebbe essere un UFO? Ti aiuta a metterti in gioco e ti apre delicatamente a tutto questo. Elimina anche le persone che non sono pronte, che facilmente lo scartano e non ci pensano più. Così un grande gruppo di persone diverse può vedere la stessa cosa e avere interpretazioni molto diverse. La vita consiste nell'avere esperienze diverse e nel creare la realtà che scegliamo di creare. Gli avvistamenti di livello base permettono a ciascuno di vedere la propria visione.

"Perché alcune persone possono vedere qualcosa e io no?"
Spesso le persone guardano lo stesso identico punto del cielo e una vede un flash molto luminoso che si spegne ripetutamente, mentre un'altra accanto a lui non vede un accidente. Oppure, si decide di lasciare il CE-5 e alcune persone che decidono di rimanere indietro vedono qualcosa subito che siete partiti. Super fastidioso. Già. Forse non sei pronto, forse non è il momento giusto per te, o forse hai sbattuto le palpebre.

Pensate a come un cane può sentire cose che noi non possiamo sentire. È lo stesso con la vista: i nostri occhi fisici possono vedere solo una porzione molto piccola (0,0035%) di ciò che esiste nello spettro elettromagnetico. Nel contesto degli UFO, la realtà da cui provengono e in cui normalmente esistono gli ET è diversa dalla nostra e la maggior parte di noi non riesce a vedere così in alto nella scala vibrazionale. Quindi loro si devono regolare verso il basso o noi dobbiamo salire verso l'alto. Si può ampliare il proprio raggio d'azione, come molti hanno fatto. Con l'intenzione e la crescita, vedrete cose che prima non vedevate. Una volta ero gelosa di qualcuno del nostro gruppo che vedeva regolarmente luci e sfere intorno a lui. Ora vedo regolarmente scintille e piccole 'lampadine' intorno a me. Col tempo ci arriverai anche tu. Cerca di essere entusiasta per coloro che invidi quando vedono qualcosa che volevi vedere anche tu.

"Me lo sono appena immaginato?" Forse sì, forse no. Vale la pena riferirlo al gruppo.

"Forse è stata una svista" Forse sì, forse no. Vale comunque la pena di riferirlo al gruppo.

Nota per il leader: fai molta pratica con la voce per quando darai indicazioni. Mi è successo di vedere cose e parlarne a voce alta a me stessa, pensando che stessimo tutti avendo un'esperienza di gruppo, scoprendo solo più tardi che nessuno mi stava ascoltando e quindi la maggior parte della gente nel gruppo aveva perso l'avvistamento della nottata! Siate autoritari: fate domande dirette e ricevete risposte: "Guarda proprio lì!" "Chi l'ha visto quello?" "Tenete d'occhio quella luce, ha qualcosa di diverso". Maggiore sarà la pratica, maggiore sarà la vostra capacità di capire cosa merita più attenzione quando viene indicata.

MEDITAZIONI

La meditazione ha molti vantaggi scientificamente convalidati:
- È rilassante e calmante
- Diminuisce stress, ansia, depressione, dolore, insonnia
- Aumenta la capacità di pensare in modo più chiaro e veloce
- Ispessisce la corteccia cerebrale del cervello, migliorando la memoria e la concentrazione
- Aumenta la capacità di percezione
- Rafforza i telomeri nel DNA responsabili della longevità
- Fa formare nuovi neuroni (fino a 30.000 al mese, una quantità enorme di potenza cerebrale)
- Aumenta il volume del cervello (i cervelli normalmente si restringono con l'età)
- Riduce l'amigdala, la parte del cervello che combatte o fugge (wow!)

Meditazione e CE-5
La meditazione aiuta a connettersi alla coscienza di un'unica mente. Quando ci si svuota (o ci si connette a tutto, in qualsiasi modo si voglia pensare), ci si trova in uno stato di pura coscienza che non è vincolato dal tempo o dallo spazio. Come tale, la comunicazione con chiunque, in qualsiasi momento e spazio, è possibile. Inoltre, la meditazione serve come strumento per liberare il proprio canale e domare la mente da "scimmia impazzita", in modo che i pensieri casuali non interferiscano o distorcano i messaggi in uscita o in entrata. Quindi, più si medita, meglio si può comunicare telepaticamente con i nostri amici delle stelle. Durante un CE-5, raccomandiamo di fare almeno una meditazione a occhi chiusi per concentrarsi veramente interiormente ed entrare nella coscienza della singola mente.

Leggendo questo capitolo
Questo capitolo contiene diversi esempi di meditazioni/esercizi di gruppo suggeriti da parte di collaboratori di tutto il mondo. Potete portare questo manuale sul campo e leggere ad alta voce al vostro gruppo.

Riproduzione di meditazioni registrate
Puoi riprodurre meditazioni per tutti su un dispostivio. (In questo modo puoi partecipare anche tu.) Ci sono meditazioni sull'applicazione ET Contact Tool, e puoi convertire qualsiasi video di YouTube online in un mp3 cercando un convertitore su Google (come https://ytmp3.com/).

Canalizzare come un gruppo:
Un membro del nostro gruppo ha avuto la fortuna di fare un viaggio di attivazione energetica in Egitto con Sixto Paz Wells. Ha chiesto a Sixto una consulenza CE-5. Sixto ha detto che è imperativo imparare a canalizzare la comunicazione ET come gruppo. Per fare questo, ha suggerito di meditare insieme con l'intenzione di ricevere messaggi. Poi, dopo la meditazione, condividete le vostre esperienze tra di voi. Se qualcuno ricevesse un messaggio chiaro e diretto, potrebbe essere quella la comunicazione. Quando più persone ricevono le stesse informazioni, saprete di avere un messaggio confermato. I messaggi sono sempre positivi, e mai un avvertimento o una catastrofe.

Le vostre meditazioni
Prima di guardare le meditazioni campionate in questa sezione, considerate che la migliore meditazione è quella del vostro cuore. Inventare la propria meditazione è facile. Potete scriverla in anticipo, oppure inventarla al volo con il gruppo. Poiché ci sono molte pause durante la meditazione per respirare e coltivare una bella atmosfera rilassata, c'è molto tempo per pensare a cosa dire dopo. Se non viene così facile o si fa confusione, si può ridere tutti, il che aiuta anche a creare la giustaatmosfera.

Come meditare

La meditazione è semplice. È CONCENTRAZIONE. Ci si può concentrare con:
- La musica
- Il suono
- L'intenzione
- Il vuoto
- Il collegamento con tutti
- Un Mantra
- La respirazione
- Una sensazione, come un apprezzamento
- Una parte del corpo, come il tuo centro del cuore
- L'essenza di luce blu di te stesso davanti al tuo terzo occhio
- L'Inalazione d'energia pranica e la sua espirazione

Iniziate con 5 minuti ogni giorno, una volta al giorno per un mese, e poi continuate fino a 5 minuti due volte al giorno. Aumentate ancora a circa 15 minuti per due volte al giorno. Nelle giornate stressanti, cercate di mantenere quest'abitudine: sedetevi anche solo per 5 minuti. 5 minuti al giorno è meglio di 20 minuti una volta alla settimana. Non scoraggiatevi se non sentite subito un cambiamento o un effetto. Ci vuole tempo per abituarsi. Provate i ritmi binaurali della gamma Theta per aiutare il vostro cervello a rilassarsi nella meditazione profonda. Potreste provare qualcosa di simile alla meditazione, come colorare, camminare, suonare la musica o andare a fare un giro in macchina. Se la meditazione non fa per voi, va bene lo stesso. Anche se è benefica, non è essenziale.

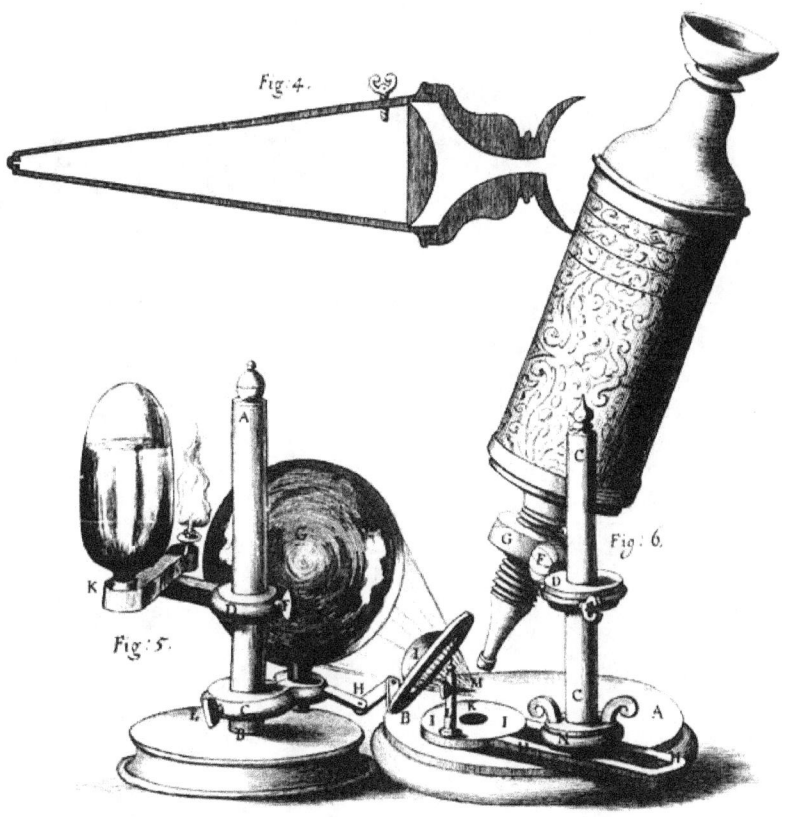

Il microscopio di Robert Hooke, 1665

"Ci sono molte più prove che la meditazione di gruppo può cessare la guerra come un interruttore di quanto non ce ne siano che l'aspirina riduce il mal di testa".

—John Hagelin

Il vantaggio del gruppo:
Uno dei motivi per cui il CE-5 funziona così bene è il fenomeno della meditazione di gruppo. Ci sono diversi studi che dimostrano che quando meditiamo in gruppo, siamo molto potenti. La meditazione di gruppo (anche detto Effetto Maharishi) ha dimostrato di ridurre i crimini, i suicidi e le morti nelle aree circostanti tra il 13% e l'82% (con una media del +70%) durante le sessioni.

Il Dr. John Hagelin è un fisico quantistico e presidente della Maharishi University of Management di Fairfield, Iowa. Dice,

"Più di cinquanta progetti dimostrativi e ventitré studi pubblicati su importanti riviste specializzate hanno dimostrato che questo nuovo approccio alla pace nel mondo, basato sulla coscienza, neutralizza le tensioni etniche, politiche e religiose nella società che danno origine alla criminalità, alla violenza, al terrorismo e alla guerra. L'approccio è stato testato a livello locale, statale, nazionale e internazionale, e ha funzionato ogni volta, con il risultato di cali molto significativi nelle tendenze sociali negative e miglioramenti nelle tendenze positive. Grandi gruppi di esperti che portano la pace, praticando insieme queste tecnologie della coscienza, si tuffano in profondità nella loro mente, fino al livello più fondamentale di questa e della materia, che la fisica chiama il campo unificato. Da quel livello di vita creano un'ondata di armonia e coerenza che può alterare in modo permanente la società in meglio, come conferma la ricerca. E questo approccio basato sulla coscienza è olistico, facile da implementare, non invasivo e conveniente". (Vedi http://www.permanentpeace.org per maggiori informazioni).

Meditazioni domenicali
Ci sono diversi gruppi in tutto il mondo che meditano la domenica visualizzando il cambiamento pacifico per il pianeta. Per unirsi a uno di questi gruppi andate a:

>http://www.globalunitymeditation.com/
>https://www.facebook.com/groups/128179887330632/
>http://2012portal.blogspot.com/2016/08/make-this-viral-weekly-ascension.html

Per saperne di più:
>http://www.worldpeacegroup.org/washington_crime_study.html

>http://thespiritscience.net/2015/06/18/studies-show-group-meditation-lowers-crime-suicide-deaths-in-surrounding-areas/

>https://www.thewayofmeditation.com.au/scientific-evidence-mass-meditation-can-reduce-war-and-terrorism
>https://www.youtube.com/watch?time_continue=36&v=wJ0O1FTn9RQ

Vogliamo anche far notare che il numero dei gruppi che tengono sessioni di meditazione in giro per il mondo sta aumentando. Quando le menti e i cuori si concentrano collettivamente sulla pace - sulla gentilezza verso gli animali, l'amonia internazionale, Il rispetto reciproco, la preservazione dell'ambiente, prosperità per tutti, qualsiasi cosa si voglia per il mondo - l'energia è esponenzialmente più grande e avvicina di giorno In giorno la manifestazione di quegli Ideali. Il valore della preghiera e la partecipazione attiva o remota nei gruppi di meditazione non possono essere sopravvalutati.

- Messaggi di Matthew, 14 febbraio, 2018

Visione di un nuovo mondo (Dr. Greer)

Tenetevi per mano l'un l'altro e visualizzate la formazione di un cerchio di luce perfetto. Sentite la pace profonda dentro di voi, l'immobilità e la quiete. Con l'occhio interiore, prendete coscienza del fatto che c'è una nave interstellare trans-dimensionale che ci circonda e che noi siamo dentro di essa. Ci sono esseri extra-terrestri che meditano con noi, e vediamo questo bellissimo anello di luce mentre ci stringiamo l'un l'altro. Tra di noi sono sparpagliate forme di vita ET spostate oltre il punto di attraversamento della luce e si tengono per mano. Mentre entriamo insieme in questo puro stato di silenzio, vediamo nel profondo di ognuno di noi una fonte di luce pura: la coscienza trasformata in luce. Si innalza attraverso i nostri chakra potenziati dalla luce della terra e dalla potenza di Gaia e raggiunge il livello del nostro cuore, poi si innalza fino al nostro chakra della corona ed esplode verso l'alto nello spazio sopra di noi, facendo una colonna di luce perfetta. Prima di tutto, ognuno di noi proietta individualmente queste colonne, poi le nostre colonne si fondono in una sola e questa luce va da sinistra a destra intorno al cerchio e diventa un unico massiccio fascio di luce celeste che sale verso l'alto nello spazio perforando la stratosfera. Questa luce si diffonde, la nostra luce e la bontà che c'è nella terra e nell'umanità e il nostro pieno potenziale di illuminazione si diffonde da questo luogo ad ogni stella e ad ogni galassia e ad ogni forma di vita intelligente del cosmo. Chiediamo al Grande Spirito infinito e sconfinato di facilitare questa bella luce come un raggio che sale verso l'alto, di essere una guida per le civiltà capaci di viaggi interstellari per venire in questo luogo sulla Terra. In definitiva vediamo questo raggio di luce entrare in un vasto centro interstellare. Ha un diametro di migliaia di chilometri che si estende nello spazio profondo. È qui che gli ambasciatori di altre civiltà si sono riuniti per milioni di anni per un tempo immemorabile. Vediamo che ci osservano chiaramente come nella nostra mente vediamo loro. Chiediamo loro di unirsi a noi qui e nella loro essenza di pensiero lo fanno. Vediamo che stanno rimandando attraverso di noi una luce cosmica proveniente dallo zenit dei cieli in questo bellissimo cerchio di persone e, attraverso di noi, verso la terra, e la terra suona come una campana. Con la risonanza di questa luce cosmica, la luce raggiunge ogni uomo, donna e bambino sulla terra ed essi provano una nuova visione di un mondo che si manifesta nel mondo fisico da dentro noi. Chiediamo al Grande Spirito che per ogni uomo, donna e bambino sulla terra, il loro cuore e la loro mente, la loro essenza e il loro spirito siano risvegliati alle semplici verità che siamo un solo popolo nel cosmo ed è tempo per noi di entrare nella civiltà universale e nella pace infinita. Vediamo svelati tutti i segreti che sono stati custoditi dall'umanità. Le meravigliose tecnologie che potrebbero trasformare la terra in un roseto di pace e abbondanza, portate avanti per il bene dell'umanità. Vediamo tutte quelle forze sulla terra che sono retrograde o che resistono a questo, trasformate dalla bellezza di questa visione. Ora vediamo questa luce che diventa sempre più forte, e vediamo cristallizzato nella nostra mente, e nella nostra visione, un mondo nuovo. Sarà un tempo infinito e ininterrotto di pace per centinaia di migliaia di anni. Mentre prima può essere una pace esterna, la realtà è che si evolverà nell'era dell'illuminazione e nel passare del tempo, ogni bambino nato sulla terra nascerà nella coscienza cosmica e quindi si evolverà nella coscienza di Dio e nella coscienza dell'unità universale. Man mano che l'umanità si evolve in questo modo, vediamo che diventiamo ambasciatori su altri pianeti, diffondendo l'illuminazione dalla terra, anche se l'illuminazione è stata portata sulla terra dagli antichi prima di noi. I nostri cuori sono pieni di gioia per questa visione e invitiamo queste civiltà interstellari che attendono pazientemente il nostro arrivo ad assisterci mentre facciamo voto di aiutarle. E così chiediamo al Grande Spirito che questo bel tempo, che conosciamo nel nostro cuore essere il destino dell'umanità, sia raggiunto in anticipo. Ci dedichiamo gli uni con gli altri e con la terra, e con lo spazio, e con tutti questi visitatori, nostri fratelli e sorelle, di ogni sistema stellare, a creare un mondo nuovo, e vediamo che in realtà è già nato, all'interno del regno delle idee, ed è pronto per essere reso manifesto, richiedendo la nostra azione. Così, con un certo sforzo da parte nostra, assistiti dal Grande Essere e dai regni invisibili e dal mondo degli spiriti, e da queste civiltà interstellari, ciò che sembra impossibile diventa inevitabile. Lo vedremo manifestarsi nel corso della nostra vita, e i nostri cuori sono pieni di amore e di gioia per la visione di un mondo nuovo. Namaste.

Iniziativa globale CE-5 (Kosta)

1. Fate questo Contatto ET in qualsiasi momento, ovunque sia conveniente, comodo e sicuro per voi.

2. Scegliete il luogo e le persone che ritenete compatibili, rispettose ed entusiaste di questo sforzo coordinato. Come "esseri vibrazionali", la paura o altre forti emozioni possono influenzare i vostri risultati*. Armatevi della vostra buona volontà, del vostro amore, della vostra gioia e della vostra apertura all'esperienza. Gli E.T. "capteranno" le vostre nobili vibrazioni positive. Potete farlo anche da soli.

3. Collegatevi cuore a cuore con i membri del vostro gruppo. Fate circolare l'energia dell'amore.

4. Immaginate una sfera d'amore al centro del vostro cerchio, con ognuno dei vostri cuori collegati ad essa. Proietta questa colonna di energia d'amore in alto nel cielo come un brillante e vibrante faro per i nostri Amici delle Stelle.

5. Quando andate in meditazione, nella vostra immaginazione collegatevi cuore a cuore con tutti gli altri gruppi di Global ET Contact che si stanno unendo in tutto il pianeta. Poi, con amore, includete anche i nostri Amici Stellari mentre li invitate e li guidate alla vostra posizione.

Potete guidarli alla vostra posizione proiettando la vostra coscienza verso di loro e visualizzando come viaggiare dalla posizione del nostro sole nel nostro sistema solare alla Terra. Mentre vi avvicinate nella vostra immaginazione, zoomate sempre più vicino alla vostra specifica posizione sulla superficie. Mostrate loro le immagini di dove trovarvi!

6. Chiedete mentalmente e con il cuore ai nostri amici ET cosa possiamo fare in collaborazione con loro per portare una guarigione al nostro pianeta Terra. Invitateli a partecipare maggiormente ai nostri affari umani, riconoscendo che è comunque responsabilità dell'Umanità risolvere i suoi problemi.

7. Ricordate che il contatto ET può assumere molte forme. Può essere l'avvistamento di un'astronave, un sogno lucido, un messaggio telepatico, un tocco sulla spalla o sul ginocchio, uno strano fenomeno elettrico con dispositivi di comunicazione o luci e molto altro ancora.

8. Dopo, aggiungete la vostra esperienza di eventi CE-5 all'archivio dei rapporti di ET Let's Talk!

* NOTA: Il modo in cui vi avvicinate alla vostra Esperienza CE-5 è CRITICO. Se avete un atteggiamento di paura, di profondo scetticismo, di ostilità, di chiusura mentale ... ci sono buone probabilità che non riuscirete a stabilire un contatto.

L'Uno Universale

Chiudete gli occhi e fate tre respiri profondi, espirando ogni volta con un sospiro.

Continuate a concentrarvi sul vostro respiro: ad ogni inspirazione, respirate l'energia luminosa che vi circonda. Ad ogni espirazione rilasciate tutte le preoccupazioni della giornata, la lotta per la sopravvivenza, tutto lo stress e la negatività... Niente da fare, nessun posto dove andare, nessuno da impressionare. Inspira la pace, espira il rilascio.

Ascoltate il vento tra gli alberi (o il rumore del traffico, o il ronzio dell'elettricità, a seconda di dove vi trovate). Espandi la tua consapevolezza verso l'esterno per includere gli amici accanto a te, gli alberi e gli animali che ti circondano, le persone in auto sull'autostrada, le città e i paesi lontani. Tu sei ogni persona e ogni cosa, e puoi sentire cosa significa guidare in autostrada, essere un bambino che gioca nel parco, o avere le foglie che frusciano in cima al tuo albero.

La vostra consapevolezza si espande più lontano, compresi vasti tratti di terra e oceani, nello spazio, abbracciando il nostro sistema solare e l'infinito, dove potete sentire il ronzio profondo dei pianeti che ruotano intorno ai loro soli, sentire le galassie che girano, e vedere nuvole di nebulose dai colori tenui. Siete vasti, spazio profondo... siete le meraviglie della natura: pianeti, lune e stelle, foreste, cascate e maree, abitanti di mondi. Sentite sia il vento tra gli alberi vicini che la musica dell'universo. Siete tutto e tutti.

Fate collassare questa consapevolezza nello spazio direttamente davanti al vostro terzo occhio. Spogliate la vostra personalità, la vostra individualità, le distrazioni del vostro ambiente, i vostri pensieri. Siete nel vuoto, fluttuante nel buio. Siete la coscienza originale. Sentite la pace dell'amore infinito... siete la realtà ultima, che è la beatitudine.

Pensieri e immagini possono passare, e voi li lasciate andare e tornare a questo unico punto di messa a fuoco e consapevolezza. Siete diventati l'unico punto di consapevolezza che è la stessa consapevolezza che ogni altra persona sulla terra sente, ogni altro essere sveglio e cosciente. Rilassatevi in questa silenziosa consapevolezza che vi rende uguali e vi collega a quella universale.

Ogni momento è una meditazione (Matt Maribona)

Matt ha scoperto come entrare in contatto con ET da solo, molti anni prima di trovare la comunità CE-5. Il suo esempio ci mostra che ognuno di noi può trovare il proprio unico percorso di contatto.

CE-5 non è solo un termine; è una pratica di amore, di comunione e di integrità. CE-5 è tutta una questione di essere i VOI STESSI unici, amorevoli e gioiosi. Il CE-5 è solo l'inizio di un viaggio sorprendente che aiuterà a cambiare il mondo così come lo conosciamo.

La meditazione del CE-5 non dovrebbe avere né inizio né fine. Un CE-5 è semplicemente una questione di essere. Là fuori nell'universo ci sono infinite possibilità di meraviglia. All'interno delle galassie e delle stelle e dei pianeti ci sono altri esseri unici, amorevoli e gioiosi proprio come noi, che sono semplicemente l'essere. Sono là fuori ad aspettare che ci rendiamo conto di quanto sia speciale il nostro mondo e tutta la vita. Loro vengono dalla vastità di tutte le possibilità per far risplendere su di voi una grande luce. Tutto ciò che dobbiamo fare è unirci e far risplendere quella luce sul nostro mondo e su noi stessi. I nostri pensieri sono molto potenti e possono essere usati per modellare la realtà in cui viviamo. Tutto è coscienza. Stiamo creando le nostre stesse realtà con questi pensieri. Siamo essenzialmente ciò che pensiamo. Come specie collettivamente, possiamo creare un mondo che onora l'amore per tutte le cose. Comincia da VOI. Abbiamo bisogno di essere gentili l'uno con l'altro. Dobbiamo prenderci cura del nostro mondo e assumerci la responsabilità delle nostre azioni. Sorridere di più, dare una mano a un estraneo, fare buone azioni, portare la speranza ovunque, mostrare amore a tutto. Questo mondo è un paradiso e tutto ci è fornito. La separazione ci trattiene. La separazione da noi stessi, l'uno dall'altro, dal mondo e dall'universo. Siamo amati e tutto ciò che dobbiamo fare è semplicemente essere. Alla fine della giornata, quando le stelle brillano per voi, non dovete far altro che dire: "Ciao, sono qui per dare amore e speranza". La tua vita quotidiana è la meditazione. Il cuore che batte dentro di te è tutto ciò che conta. Una volta trovato quel centro del cuore, basta alzare lo sguardo e dire: "Eccomi, vuoi unirti a me?" Questo è quanto! Quando entrerete in contatto vedrete che l'amore è tutto ciò che conta e tutto ciò che si fa con l'amore è fatto con la migliore delle intenzioni, una mente aperta e un cuore aperto. Più ci sono persone della stessa frequenza e vibrazione, più profonde saranno le esperienze. Più risplenderà la vostra luce, più essi risplenderanno in cambio. Ci aspettano là fuori anche adesso, mentre leggete questo. Voi siete amati. Mostrate loro un po' di amore in cambio. Fatelo insieme. Semplicemente siate.

Età dell'oro

Fate almeno tre respiri profondi e liberate tutto lo stress e la fatica della vostra vita quotidiana. Mettetevi a terra e sentite il vostro legame con la diversità di Gaia, dell'umanità, di tutti gli esseri dell'universo e della Sorgente. Prendetevi qualche momento per concentrarvi e stabilirvi nel vostro vero io. Respirate e rilassatevi profondamente.

Ora, unite le menti e i cuori con tutti nel gruppo. Immaginate l'evoluzione del genere umano. Sentite la vostra consapevolezza del mondo così com'è ora, pronti per l'utopia a venire. È un dono e un onore essere in forma umana su questo pianeta in questo momento. Guardate nella vostra mente l'andamento regolare della continua alba della nuova era che ci sta davanti. Guardate i leader corrotti e i manipolatori del mondo che si dimettono pacificamente e sono ritenuti responsabili delle loro azioni. Guardate i media popolari che si liberano dalla morsa del controllo, rilasciando informazioni critiche a tutti. Osservate la lenta e costante rivelazione della presenza della nostra famiglia delle stelle.

Assaporate il fatto di vedere la speranza e il sollievo che si accendono sul volto di ogni persona quando si renderà conto che non siamo soli. Mentre la grande massa della gente accetta e abbraccia questa nuova realtà, vedete gli scienziati lavorare, liberi, implementando le tecnologie che già ci sono state donate, distribuendo energia gratuita al mondo. Vedete il mondo immerso nell'armonia e nell'amore. Deliziatevi dell'abbondanza e della pace che sarà possibile per tutti. Immaginate i prigionieri di guerra che vengono rilasciati... gli schiavi liberati... le malattie guarite... gli affamati nutriti... l'energia gratuita per tutti... la comunicazione con gli esseri di altri mondi... come sarà la vostra casa... come sarà la vostra astronave personale... le vacanze verso le stelle o in tutto il mondo... come sarà la vostra giornata... dove mettete le vostre energie per il lavoro... e cosa fate per giocare... concentrate la mente su ciò che infiamma il vostro cuore! Apritevi, sentite l'ispirazione del vostro io superiore su quali azioni potete intraprendere per facilitare questo cambiamento. Prendetevi un momento per ascoltare una guida su come partecipare nel modo più efficace a questo processo gioioso.

Sappiate che questa bella visione del futuro sta arrivando; è solo questione di quando. Evocate sentimenti di apprezzamento e di pace per questa realtà che già esiste in un flusso senza tempo.

Incontrare un'Entità

Ponete come intenzione che il vostro gruppo faccia una meditazione dove incontrerete un essere in preparazione per un eventuale contatto faccia a faccia. Fate in modo che il gruppo pensi a quale tipo di essere vorrebbe incontrare: Umano come? Non umano? Alcuni tra cui scegliere: Pleiadiani, Nordici, Apuniani, Hathors, Alieni Felinoidi, Arcturiani, Alieni Aviari, Alieni Grigi e Rettiliani, ecc.

In alternativa, possono incontrare i membri del team ET assegnato al vostro gruppo CE-5 o il loro emissario personale ET.

(Fatto curioso: Paul Hellyer, uno dei passati ministri della difesa del Canada, dice che ci sono 82 specie aliene il cui avvistamento sulla terra è stato accertato).

Cominciate la meditazione con qualsiasi tipo di esercizio di respirazione o di rilassamento. Potete provare con un esercizio di tensione muscolare e di rilassamento, oppure potete visualizzare di salire su un ascensore e contare fino a dieci piani, diventando sempre più rilassati ad ogni livello superato. È particolarmente importante essere il più rilassati possibile mentre si fa questa meditazione, quindi prendetevi il vostro tempo in questa parte e fate che sia circa la metà del totale la meditazione. L'obiettivo è quello di rilassarsi ad uno stato simile a quello in cui ci troviamo tutti prima di svegliarci: è spesso questo il momento più rilassato della nostra giornata.

Una volta che avete portato tutti in uno stato di profondo rilassamento, fate in modo che ogni persona immagini un luogo sicuro dove vorrebbe incontrare un essere extraterrestre. Potrebbe essere un luogo sacro, un parco, un prato, la spiaggia dove Jodie Foster ha incontrato il suo "papà" nel film Contact, una Stazione Spaziale Galattica, ecc. Se usate la tecnica dell'ascensore, fate aprire le porte di questo luogo sicuro. Quando ogni persona entra in questo spazio, fate in modo che si arricchisca dei dettagli: le viste, i suoni, gli odori, gli odori, la terra sotto i piedi. Fateli camminare fino al luogo dove incontreranno l'entità.

Fate che ogni persona crei il suo invito come vuole: una telefonata, una chiamata telepatica, un invito scritto, un'e-mail, ecc. Visualizzate l'essere che riceve il messaggio e cominciate a camminare.

Ora immaginate il primo livello di contatto. State visualizzando un'astronave lontana?

Vedete l'essere che si trova sul bordo della spiaggia? Sedetevi vicino a lui per un momento. Abituatevi a questo e continuate a respirare e sentirvi profondamente rilassati.

Ora dite al gruppo di chiedere all'entità di avvicinarsi. Date al gruppo circa cinque minuti per connettersi con questa entità al ritmo più confortevole per loro. Ricordate loro di continuare a coltivare il loro stato di profondo rilassamento. Fate notare al vostro gruppo che ognuno di voi ha il controllo di questa interazione e che può chiedere all'entità di avvicinarsi o di ritirarsi in qualsiasi momento. Dite loro che se le cose sembrano scomode o paurose, bisogna prendere dentro di sé questi sentimenti e lasciare che si sciolgano, sostituendoli con fiducia, amore e apprezzamento.

Al termine del tempo trascorso, istruite il gruppo a terminare la comunicazione con l'entità.

Dite loro di ringraziare l'entità e di ascoltare la sua risposta. Mentre l'entità si allontana, ricordate al gruppo di continuare con quella sensazione di rilassamento. Chiedete loro di prendere nota di come si sentono: sono impressionati dalla loro capacità di gestire le proprie emozioni e di permettere questa interazione?

Sentono l'apprezzamento per ciò che provano sia una rappresentazione o una reale interazione di benevolenza e amore? Lasciateli crogiolarsi nel calore di questa interazione dopo che se ne saranno andati.

Ora, riportate dolcemente ogni persona alla nostra realtà condivisa. Se avete fatto "un giro in ascensore", risalite i piani, sentendovi più svegli mentre passate ogni piano. Invitate le persone a muovere le dita delle mani e dei piedi se lo desiderano, o a fare qualche respiro profondo mentre si acclimatano alla loro posizione.

Gli Hathor hanno aiutato il popolo dell'Antico Egitto. Questa rappresentazione viene da uno strumento musicale. 664 – 525 a.C.

Meditazione rapida e sporca CE-5 (Deb Warren)

Questa meditazione può essere trovata su: https://www.youtube.com/watch?v=spkk6TwWpzg&feature=youtu.be

1. Vedi una grande sfera dorata di energia che si forma nel chakra del cuore, che diventa più grande e più luminosa, poi si muove da sinistra a destra intorno al cerchio, in senso antiorario, passando attraverso il chakra del cuore di ogni persona presente. Gira più velocemente formando un anello dorato, e il nostro gruppo comincia a sentirsi più coso, poi gira ancora più velocemente appiattendosi su un disco dorato, e cominciamo a sentirci ancora più uniti - siamo un gruppo che intraprende questo viaggio insieme.

2. Ora come gruppo iniziamo a cantare il mantra: Im Na Ma. Im Na Ma, Im Na Ma, mentre formiamo il tetraedro di Merkabah nella nostra mente. E il disco ora si rivela essere una nave ET d'oro, che ci circonda tutti. Comincia a fluttuare dolcemente verso l'alto trasportando i nostri corpi astrali/leggeri, e si ferma appena sopra di noi.

3. E ora... facciamo l'iper-salto.

4. Siamo ora in orbita geostazionaria sopra la nostra posizione sulla Terra. Possiamo ancora vedere il sole che splende sull'Oceano Pacifico ad Ovest. Possiamo anche vedere la Terra trasformarsi in oscurità a est. Cercate il pianeta Saturno, come una stella molto luminosa, può essere a sinistra [o a destra] del sole, che è la nostra destinazione.

5. E ora... facciamo un iper-salto.

6. Siamo ora sopra gli anelli di Saturno, e possiamo vedere una grande stazione spaziale ET in orbita tra gli anelli e il pianeta. La stazione spaziale è lunga 26 miglia e alta molti piani. La nostra nave ET si sta dirigendo dolcemente verso un ponte dell'hangar molto grande. Ci sono molte, molte imbarcazioni ET che vanno e vengono dal ponte. Entriamo nell'hangar e cerchiamo un posto per far atterrare la nostra nave d'oro. Atterriamo dolcemente e la nave dorata svanisce.

7. Questo posto è come la Grand Central Station. È piena zeppa di molti, moltissimi esseri, tutti che vanno e vengono. Molte specie diverse. Nessuno sembra notare il nostro arrivo e non sappiamo dove andare dopo.

8. Ci riuniamo in gruppo, in piedi in silenzio. Inviando questo messaggio telepatico: siamo umani della Terra e questa è la prima volta che veniamo su questa stazione spaziale. Abbiamo bisogno di aiuto. Per favore, mandate qualcuno che ci guidi.

9. Quasi immediatamente, possiamo individuare un gruppo di ET che si fa strada tra la folla. Presto si trovano proprio di fronte a noi, che ci fanno un cenno con un dito, indicandoci che dobbiamo seguirli. Noi li seguiamo.

10. Ci portano in una stanza laterale sul ponte dell'hangar, e una porta si chiude a fruscio, all'improvviso il rumore proveniente dall'esterno non c'è più e c'è silenzio. Qui c'è almeno un ET che interagisce con ognuno di noi, e potrebbe essercene più di uno per ognuno di noi. Si

può chiedere un tour di questa stazione spaziale, si possono chiedere spiegazioni e il dispositivo di visualizzazione sarà mostrato per aiutarvi a capire. Potrebbe esservi chiesto di andare in una grande sala riunioni e di fare una presentazione. Vi darò qualche minuto per fare queste esperienze, e non importa quanto lunga sia la vostra esperienza, questi pochi minuti saranno tutto il tempo di cui avrete bisogno.

11. Adesso starò in silenzio mentre fate la vostra esperienza.

12. Nota per il facilitatore: aspettate qualche minuto. Sentirete quando tutti avranno finito la loro esperienza, e poi inizierete il viaggio di ritorno sulla Terra. Assicuratevi di avere anche voi un'esperienza sulla Stazione Spaziale ET.

13. Ovunque voi siate o qualsiasi cosa stiate facendo, fate in modo che sia vostra intenzione tornare al gruppo che vi sta aspettando sul ponte dell'hangar. Dite addio agli ET, fate sentire loro la vostra gratitudine, fate sentire loro quanto siete felici, fate sapere loro se siete disposti a tornare di nuovo.

14. Siamo in cerchio, tutti sono tornati.

15. Vedi una grande sfera dorata di energia che si forma nel tuo chakra del cuore, che diventa più grande e più luminosa, poi si muove da sinistra a destra intorno al cerchio, in senso antiorario, passando attraverso il chakra del cuore di ogni persona presente. Gira più velocemente formando un anello dorato, e il nostro gruppo comincia a sentirsi più coeso, poi gira ancora più velocemente appiattendosi su un disco dorato, e cominciamo a sentirci ancora più uniti.

16. Ora come gruppo iniziamo a cantare il mantra: Im Na Ma. Im Na Ma. Im Na Ma. E il disco diventa una nave d'oro ET, che ci circonda tutti. Comincia a galleggiare dolcemente verso l'alto, trasportando i nostri corpi astrali/leggeri, e ci porta fuori dal ponte dell'hangar, e si ferma sopra gli anelli di Saturno. Cerchiamo il punto azzurro pallido che è la Terra.

17. E ora... facciamo un iper-salto.

18. Siamo di nuovo in orbita geostazionaria appena sopra la nostra posizione qui sulla Terra, vediamo di nuovo il sole splendere sulla Terra, e ora consideriamo la posizione direttamente sotto di noi.

19. E ora... facciamo l'iper-salto.

20. La nostra astronave d'oro è appena sopra i nostri corpi fisici e ora galleggia verso il basso, restituendo i nostri corpi astrali/leggeri ai nostri corpi fisici. E poi l'astronave d'oro svanisce.

21. Quando siete pronti, fate un respiro profondo, aprite gli occhi e muovete il corpo per indicare che siete tornati.

22. Tutti dovrebbero stare in silenzio finché tutti non sono tornati.

23. Quando tutti sono tornati, invitate le persone a commentare qualsiasi esperienza abbiano avuto durante la meditazione. Nessuno è obbligato a condividere. Potete chiedere se c'è stato qualcuno nel gruppo che non ha avuto alcuna esperienza. Nel prossimo evento concentrerete la vostra attenzione su quella persona, assicurandovi che faccia parte del gruppo. Potete chiedere ad altri di concentrarsi anche su chi è meno esperto.

Meditazioni

Consiglio Interplanetario

Dal libro *Evolution Through Contact* di Don Daniels
Per saperne di più sul suo libro, oltre ad accedere ad altre risorse, visitate il sito web di Don all'indirizzo: http://www.becomingacosmiccitizen.com/index.html

---

Sedetevi comodamente con i piedi separati e le mani in grembo, con i palmi delle mani abbassati. Fate una serie di almeno sette respiri lenti e profondi, inspirando il più lentamente e profondamente possibile, poi fate una pausa fino a che vi è possibile, ed espirate lentamente e profondamente, e di nuovo una pausa fino a quando siete a vostro agio.

Continuate, concentrandovi sulla vostra respirazione, fino a quando non sarete in uno stato di profondo rilassamento. Ora, visualizza il tuo respiro che entra attraverso la parte superiore della testa (come un delfino), scorrendo giù attraverso tutto il corpo, e scorrendo fuori attraverso la base della colonna vertebrale e le piante dei piedi quando espiri. Lasciate che il vostro respiro porti amore puro e compassione, ed espirate ogni pensiero negativo delle emozioni, purificandovi così con ogni respiro.

Ora, iniziate a concentrarvi sulla pausa tra un respiro e l'altro, e noterete che nella pausa c'è un momento di Profondo, Profondo Silenzio. Entrate delicatamente in quel silenzio, e lasciatelo espandere sempre più a lungo ad ogni respiro, fino a quando alla fine il silenzio riempirà l'intero respiro. Diventa consapevole della consapevolezza stessa, non il suono vagabondo che si potrebbe sentire, ma quello con cui si è in grado di sentire quel suono. In questo modo i suoni non saranno una distrazione, ma semplicemente un riconoscimento della vostra connessione con la consapevolezza fondamentale che infonde ogni entità cosciente consapevole nell'universo. Allora lasciate andare il suono, e tornate a concentrarvi sulla comunicazione con il profondo silenzio che inizia tra un respiro e l'altro, perché questa è la vostra connessione con la Coscienza Cosmica, la coscienza collettiva dell'Universo stesso.

Ora immaginate voi stessi come un Delfino in gioco nell'oceano, che salta e gira e si tuffa, solo per il puro piacere di farlo.

Rivivi la gioia delle tue percezioni e della tua libertà. Immergiti profondamente in quel mare di pura coscienza, e poi nuota verso l'alto il più velocemente possibile, salta in aria, e continua ad andare sempre più veloce, sempre più veloce attraverso l'atmosfera, oltre la luna, oltre i nostri pianeti e fuori dal nostro sistema solare. Guardate le stelle che passano sempre più velocemente, fino a quando non vi trovate nello spazio intergalattico a guardare tutte le bellissime galassie che vi circondano.

Comunicate con il silenzio profondo e contemplate ciò che il Creatore dell'universo ha realizzato. Capite come siamo tutti collegati attraverso quella creazione e attraverso la nostra connessione con la Coscienza Cosmica, e come siamo tutti così "Uno" l'uno con l'altro! Ora esprimete l'intenzione di visitare il Consiglio Interplanetario e lasciate che la vostra coscienza vi porti nella giusta direzione. Potete viaggiare alla velocità della coscienza, quindi dovreste arrivare abbastanza rapidamente. Mentre vi avvicinate, prendete nota delle vostre impressioni sull'imbarcazione o sull'edificio. E ora, chiedete il permesso di entrare. Molto probabilmente qualcuno vi guiderà, o potreste semplicemente ritrovarvi all'interno.

Salutate le guide con rispetto e umiltà, spiegate che desiderate visitare come cittadini rappresentanti della Terra e chiedete se potete visitare le camere del consiglio. Entrate con la stessa riverenza di quando partecipate a un'assemblea generale delle Nazioni Unite. Molto probabilmente sarete introdotti nella galleria di visualizzazione. Da qui, osservate l'aspetto e l'atmosfera delle camere. Quanto è grande la sala, che forma ha, quanto è alto il soffitto, come sono le pareti e di quali materiali sembra che sia fatta? C'è un tavolo o un'area di negoziazione, che aspetto ha? Ci sono oggetti sul tavolo o sopra di esso? Ora, fate particolare attenzione a tutti i diplomatici che possono essere presenti. Quali sono le vostre Impressioni su di loro? Prendete nota del loro aspetto fisico, e anche eventuali impressioni emotive o messaggi telepatici o sensazioni che potreste ricevere. Potreste scoprire di avere un legame con uno dei diplomatici. Offrite la vostra disponibilità ad aiutare l'evoluzione dell'umanità fino a diventare cittadini galattici a pieno titolo. Ora diventate consapevoli delle impressioni che riceverete in cambio.

Ringraziate e siate grati per la vostra visita e preparatevi a prenderne congedo. Permettete alla vostra coscienza di tornare fuori e di volare rapidamente verso la nostra galassia, verso il nostro sole, verso la nostra terra e verso il vostro corpo. La vostra coscienza conosce la strada e non si perderà. E ora, lentamente e delicatamente, cominciate a tornare alla normale coscienza da svegli, diventando gradualmente più svegli ad ogni respiro.

Mentre tutto è fresco nella vostra mente, prendete nota fisica delle impressioni e mettete il taccuino accanto al letto. Molto probabilmente troverete intuizioni e ispirazioni che fluiranno nella vostra coscienza nel corso delle prossime settimane, specialmente nello stato ipnotico quando vi addormenterete o vi sveglierete, quindi avere il blocco note a portata di mano vi permetterà di prendere appunti man mano che queste impressioni arriveranno.

Energia risonante (CE-5 Aotearoa, Nuova Zelanda)

L'intento fondamentale di questa meditazione è quello di permettere un maggiore scambio/scarico di energie sottili che spesso entrano nel lavoro sul campo delle squadre di CE-5. La messa a terra è importante e si consiglia a tutti di avere i piedi per terra durante questo processo. I team possono anche tenersi per mano se lo desiderano.

Iniziate con un defaticamento generale, chiedete alla squadra di rilassarsi, fate respiri lenti e profondi e centratevi. Respirate in pace e con calma, e lasciate che ogni ansia e preoccupazione fluisca attraverso i vostri piedi nella terra mentre espirate. Chiedete alla Terra di portare via e di affrontare qualsiasi preoccupazione e di aiutarci a concentrarci sul nostro intento attuale. Chiedete a tutti di immaginare o semplicemente di "PERMETTERE", ai loro corpi energetici/alle loro mani spettrali, di raggiungere rapidamente il centro della Terra, raccogliere una parte dell'energia da essa, e portarla fino al primo Chakra. Questo può essere veloce quanto espirare per inviare la vostra richiesta, e potete portare l'energia verso l'alto mentre inalate.

Di solito, lo facciamo TRE volte per ogni Chakra prima di attivarlo, perché questo intensifica i sentimenti, tuttavia, quando le persone hanno molta familiarità con il processo, si può fare una volta per Chakra. Con il metodo 3X, per i primi due MANTENETE o immagazzinate l'energia al Chakra mentre si scende per la prossima quantità. Al terzo passaggio, aprite rapidamente il vostro primo Chakra ROSSO e poi rilassatevi mentre lo osservate brillare, o girare, ecc. Poi continuate a raggiungere il basso mentre espirate, raccogliete più energia e portatela in alto vicino al secondo Chakra, tirando l'energia attraverso il primo mentre lo fai [allineamento]. Ripetete questo processo fino a quando tutti si sono allineati e hanno aperto i loro Chakra ROSSO-ARANCIONE-GIALLO - VERDE-BLU-INDACO-VIOLA.

Poi, la RISONANZA del gruppo è accoppiata alla condivisione di queste energie dei Chakra in sequenza. Chiedete a tutti i presenti di passare la luce del loro 1° chakra rosso alla persona alla loro destra, prendendo da sinistra l'energia equivalente. Ripetete velocemente questo, chiedendo al gruppo di accelerare la procedura in modo da formare un anello rosso di energia in senso antiorario. Spostate il process al secondo Chakra arancione e ripetetelo. Continuate fino a raggiungere il Chakra Viola della Corona. Ora l'intera squadra ha i suoi centri di energia che risuonano in modo uniforme. Questa azione dovrebbe essere estesa agli ALTRI PRESENTI [ET, Celestiali, ecc.] che lavorano attivamente con noi. Ciò significa che la risonanza si estende attraverso ENTRAMBI i team. Il centro del cuore è il più importante, ma è abbastanza facile parlare al gruppo lungo questo processo prima di iniziare.

Una volta che questi anelli di chakra sono stabiliti, i passi successivi sono quelli di stabilire una singola forma comune attraverso la quale le energie possono fluire in entrambe le direzioni.

Chiedete a tutti di visualizzare gli anelli che "collassano" in modo che risiedano tutti a livello del chakra del cuore. Dalla corona in giù e dalla base verso l'alto. Questo formerà una toroide, permettetegli - di fondersi e di diventare un anello bianco di luce, ruotando in senso antiorario proprio come gli anelli iniziali sono stati stabiliti.

Ora rimandate giù, verso il centro della Terra, un vortice a spirale ANTI-ORARIO da questa toroide. Questa è una "guida" per ciò che viene dopo. Chiedete alla Terra di rimandarci un flusso di energia in senso ORARIO che si gemelli con il vortice guida che abbiamo appena creato; man mano che arriva vedetelo/immaginatelo/ permettetegli di iniziare ad avvolgere la toroide del cuore, facendolo seguire strettamente intorno ad esso in senso antiorario come una spirale.

Ora mandiamo verso l'alto a chiunque stia lavorando con noi, un vortice di energia in senso ANTI-ORARIO che sia anche in questo caso guida per il gemellaggio. Chiedete loro di rispondere inviando un vortice di energia in senso ORARIO che corrisponda al percorso della nostra linea guida; man mano che arriva gli permettete di avvolgere la nostra toroide, girando in senso orario in continuazione. Permettetegli di andare a qualsiasi velocità di cui abbia bisogno per risuonare.

Questa forma è MOLTO POTENTE e si possono verificare flussi di energia significativi.

Chiedete al team di mantenere questa "visione", questo campo energetico, fortemente centrato all'interno dei loro pensieri mentre vi muovete nella parte silenziosa della meditazione, in cui cercate di soddisfare l'intento dichiarato del team di lavoro CE-5. Permettete agli ET/esseri celestiali o a chiunque cerchi di lavorare con voi, di usare questo campo di risonanza per interagire con la vostra squadra. In particolare, invitate l'energia celeste/cosmica rilevante ad essere integrata/scaricata nel team attraverso questo processo e forma di risonanza, e chiedete a tutti coloro che sono disposti, di assorbire/ fondersi con queste energie, permettendo loro di essere ridistribuite in modo utile come risultato.

MEDITAZIONI: PULIZIA

Le meditazioni di compensazione energetica aiutano ad aumentare le vostre vibrazioni e a diventare più consapevoli delle comunicazioni ET di ogni tipo, interioru ed esteriori. Può essere semplice come benedire e ringraziare ogni cellula del vostro corpo, o fare il bagno nella luce più alta. Strofinarsi di erba dolce o salvia è molto efficace: crea una carica densa e neutra, rilasciando energia negativa e purificando noi stessi e liberando uno spazio sacro. Per una pulizia più completa, provate una di queste meditazioni di guarigione e di liberazione nelle pagine seguenti.

Pulizia dei Chakra

Iniziare con respiri profondi. Rilassatevi. Passate per ogni chakra, uno per uno, seguendo la lista qui sotto. Iniziate dal chakra radice in basso e salite. Per ogni chakra visualizzatelo mentre divent più luminoso, più leggero, più vivido. Respira ad ogni chakra e rimuovi da ognuno di esso i detriti, la tensione, la disarmonia o l'immobilità. Leggete ad alta voce i blocchi energetici corrispondenti ai chakra e rilasciate le emozioni negative e le false credenze associate a ciascuno di essi. Vedete nell'occhio della vostra mente ogni chakra che brilla in modo potente e illumina il tuo corpo con il suo colore corrispondente. Sentite l'energia del chakra che scorre liberamente o che ruota.

Chakra radice
Base della spina/pavimento pelvico/genitale - Rosso - Sopravvivenza. Bloccato dalla paura. Accettate il sentimento della paura e sappiate che in definitiva le paure non sono reali.

Chakra sacrale
Basso ventre / pochi centimetri sotto l'ombelico - Arancione - Piacere. Bloccato dal senso di colpa. Perdonate voi stessi.

Chakra del plesso solare
Parte superiore dell'addome/sopra l'ombelico - Giallo - Forza di volontà. Bloccato dalle delusioni. Accettate tutti gli insegnamenti.

Chakra del cuore
Nel vostro cuore - Verde smeraldo brillante - Amore - Bloccato dal dolore. Accettate e liberate la perdita e il processo della vita. Tutte le cose cambiano e vanno e vengono, ma l'amore rimane sempre ed è un'energia infinita.

Chakra della gola
Gola - Blu "Uovo di Pettirosso" - Verità - Bloccato dalle bugie che raccontiamo a noi stessi. Affrontate voi stessi e permettetevi di essere perfettamente imperfetti, vulnerabili, degni.

Chakra del terzo occhio
Il centro della fronte, sopra gli occhi - Indaco - Luce - Bloccato dall'illusione della separazione. Lasciatevi intuire e sapere che siamo tutti una cosa sola.

Chakra della corona
La parte superiore della testa - Viola - Pura energia cosmica - Bloccata dagli attaccamenti terreni. Lasciate andare tutto ciò che avete amato, sapendo che nulla scompare mai veramente.

Cura delle influenze negative/pulizia
(James Gilliland - ECETI)

La guarigione è un must per tutti coloro che desiderano operare in altri ambiti della coscienza. È necessario avere auto-disciplina e mantenere il controllo. Se si avvertono vibrazioni negative, si tratta di forme di pensiero che limitano i concetti mentali, di legami psichici o di entità disincarnate (anime perdute) che hanno bisogno di guarigione. Sono legate alla vibrazione terrestre a causa di atteggiamenti e di emozioni più basse. Alcuni sono coercitivi e desiderano manipolare e controllare. L'amore guarisce. Cacciarli via li manda solo in un altro luogo, in un'altra persona. In tutte le guarigioni, ricordate che Dio è amore. È il potere dell'amore che guarisce e solleva. Vi daremo i seguenti passi per liberare l'energia.

1. Confinate la vostra aura visualizzando una luce bianca o dorata intorno a voi.
2. Invocate il rappresentante culturale di Dio da voi scelto, che sia Gesù, Buddha, Babaji, Maria, Maometto, Aquila Bianca o un altro dei Bellissimi Santi.
3. Dite alle entità che sono guarite e perdonate, elevate e illuminate.
4. Dite loro che sono guarite e circondate dalla luce di Cristo e dal suo amore.
5. Chiedete al vostro rappresentante scelto di portarli al loro posto perfetto.
6. Chiedete che tutte le forme di pensiero negativo e i concetti mentali limitanti siano dissolti e sollevati alla luce della verità.
7. Chiedete che tutti i legami psichici siano recisi e chiudete le loro auree a tutti tranne che allo spirito dalla più alta vibrazione.

Ripetete questo processo fino a quando non vi sentirete chiari. Ci può essere più di una guarigione da fare. Ricordate che la vostra parola è molto potente, e ciò che viene detto al loro livello si manifesta istantaneamente. Molti illuminati sfruttano questo processo prima di aprirsi. Crea un ambiente chiaro e sicuro, ed eleva anche chi sta facendo la guarigione. L'intento ha più valore della parola. Se avete intenzione di aiutare e di guarire, attirerete a voi entità simili. Se intendete costringere o manipolare, anche in questo caso attirerete entità simili alla vostra mentalità. È la legge dell'attrazione. A volte, gli spiriti disincarnati verranno alla vostra luce come una falena alla fiamma. Non giudicate voi stessi, ma guariteli. Sono loro che sono nei guai, non voi. Sono loro che cercano il vostro aiuto.

Versione breve della preghiera per la pulizia interiore - dopo aver fatto inizialmente quanto spiegato sopra. Prima chiamate il vostro insegnante principale o la vostra guida o le altre divinità beatificato o elencate sopra.

ACCOGLIAMO TUTTE LE ENTITà NEL'AMORE E NELLA LUCE

VI PARLIAMO A NOME DEL DIO SIGNORE DEL NOSTRO ESSERE

PER DIRVI CHE VOI SIETE GUARITI E PERDONATI

ELEVATI E ILLUMINATI

GUARITI E PERDONATIELEVATI E ILLUMINATI

RIEMPITI E CIRCONDATI DALLA LUCE DI CRISTO E DAL SUO AMORE

(Vedete il libro di James *Reunion with Source* for Advanced Healing techniques)

Purificarsi respirando l'energia della Terra
(Piccola Nonna Kiesha)

State in piedi a piedi nudi sulla Terra. Potete farlo anche al chiuso, ma toglietevi le scarpe. Iniziate respirando il colore verde, il colore dell'energia della Terra, attraverso le piante dei vostri piedi; sentite questa energia della Terra che riempie le vostre cellule e nutre ogni centimetro di voi; con la prima inspirazione, fatela salire su fino alle ginocchia, poi espirate verso il basso ed attraverso le piante dei piedi verso la terra.

Quando inspirate di nuovo, portate questa energia verde fino alla base del bacino (primo chakra), ed espirate verso la terra, sentendo che avvolge le cosce, le ginocchia le caviglie e la schiena attraverso i piedi. Mentre lo fate, se avete difficoltà a connettervi a una particolare zona del vostro corpo e sentite l'energia che vi riempie, continuate con i respiri fino a quella zona fino a quando non vi sentite pronti ad andare avanti.

Al terzo respiro, portate l'energia fino al bacino inferiore, appena sotto l'ombelico (secondo chakra), e rilasciatela di nuovo verso il basso nella Terra. Assicuratevi di concentrarvi su ogni particolare parte del vostro corpo mentre scendete l'energia; non limitatevi a sfiorare sopra ma visualizzare e sentire l'energia che viaggia verso il basso e che riempie gli arti, i muscoli, il sangue, ossa, cellule.

Al quarto respiro, portate l'energia fino a metà pancia (terzo chakra) e sentite l'energia circolare e penetrare nel plesso solare. Molti di noi in questa zona del nostro corpo portano emozioni represse, legate alla nostra volontà e al senso di potere interiore, l'idea generale di chi siamo. Potrebbe essere necessario respirare più volte in quest'area. Lasciate che l'energia curativa della Terra apra dolcemente il vostro ventre e allenti quei posti dentro di voi che sono costretti, che si aggrappano alle vecchie energie e alle paure.

Quando vi sentirete rilassati e aperti, e sentirete un calore che si diffonde qui, saprete di poter andare avanti.

Al quinto respiro, portate l'energia fino al petto (quarto chakra) e sentitela avvolgere e penetrare il cuore. Sentitela espandersi nella cavità toracica, nei polmoni, nelle costole. L'area del cuore porta tante vecchie emozioni, e molti di noi soffrono di grandi dolori. Lasciate che la Madre Terra raggiunga delicatamente questo posto in voi. Fate questo respiro tutte le volte che ne avete bisogno finché non sentite il calore che si diffonde, finché non sentite un rilassamento e un'apertura di questa zona. Lasciate che tutto ciò che avete trattenuto venga rilasciato di nuovo nella Terra, lasciate che si sciolga e si fonda attraverso le piante dei vostri piedi di nuovo nella Terra. Proprio come una madre non è danneggiata dal lenire e dall'occuparsi dei dolori e dei problemi dei suoi figli, Madre Terra non è mai danneggiata dalla vostra connessione con lei in questo modo.

Al sesto respiro, inspirate l'energia fino alla gola (quinto chakra) e sentite che questa zona si apra, che sia connessa alla vostra voce e che dica la vostra verità. Poi espira di nuovo verso la Terra.

Al settimo respiro, inspirate l'energia fino a metà della fronte, tra gli occhi (sesto chakra-terzo occhio) e sentite questa parte di voi, connessa alla visione spirituale, alla percezione e all'intuizione superiore, all'apertura e all'essere delicatamente accarezzati, connessi alla Madre Terra. Espirate di nuovo verso il basso, verso la Terra.

All'ottavo e ultimo respiro, portate l'energia fino alla cima della vostra testa (7° chakra-corona) e sentite la cima della vostra testa aprirsi alla guida spirituale e alla luce del cosmo. Sentite l'energia di Madre Terra che accarezza e apre questa zona, ancorandovi tra la Terra e il cielo, come un figlio della Terra e del cosmo. Riempite il vostro viso, il vostro cranio, il vostro cervello, le vostre ghiandole, i vostri capelli, con questa luce verde che vi collega a tutta la vita. Al momento dell'espirazione finale, espirate l'energia attraverso le mani, le braccia, i palmi delle mani e tornate alla Madre Terra. Questo crea un cerchio completo di energia. Ora siete connessi a ciò che vi sostiene nella vita, ciò che è sempre lì per voi. Questa potente energia verde della forza vitale può aiutarvi a guarire, rivitalizzare ed equilibrare tutto il vostro essere.

Ancoraggio e meditazione dell'energia cosmica
(Hollis Polk)

Si prega di sedersi comodamente in un posto dove si è ben sostenuti, con i piedi piatti sul pavimento e le mani appoggiate comodamente e separate in grembo o sui braccioli della sedia.

Ora... Chiudete gli occhi e fate un respiro profondo. Inspirate profondamente, e mentre espirate, rilassatevi... rilassatevi... lasciate andare consapevolmente i muscoli e fondetevi con qualunque cosa sia quello su cui vi siete seduti. Ora... fate un altro respiro profondo... e notate che qualsiasi cosa su cui siete seduti vi tiene in piedi, notate quanto sia facile, comodo e solido... ora fate un altro respiro profondo e mentre lo lasciate uscire, notate la temperatura dell'aria sulla vostra guancia e lasciate solo che... vi rilassi... ancora di più...

Fate un altro respiro profondo... e mentre espirate, iniziate a concentrarvi sulla base della colonna vertebrale... E con il prossimo respiro profondo dentro... e il prossimo respiro profondo fuori... immaginate che ci sia un piccolo tappo alla base della colonna vertebrale... e, semplicemente... delicatamente... allentatelo... e ora immaginate che ci sia una corrente di energia che fluisce giù dalla base della colonna vertebrale... potete vedere questa energia come un cavo, o un colore, che scorre verso il basso, o la si può immaginare come una texture o un cambio di temperatura, o si può anche sentire come un tono ... che scorre dolcemente, facilmente e automaticamente ... giù dalla base della colonna vertebrale attraverso qualsiasi cosa ci si sia seduti ... giù nel pavimento ... e attraverso il pavimento e lo spazio sotto di esso, e qualsiasi altro piano e spazio ci possano essere ancora più sotto... attraverso le fondamenta dell'edificio, e giù nella terra sotto di queste... e lasciate che continui a scorrere giù... giù... giù... giù... attraverso la terra, nella roccia sotto di voi... che scorre giù... attraverso la roccia, attraverso la crosta terrestre, giù nel mantello terrestre... giù... giù... giù... giù... giù... nel nucleo fuso della terra... e permettete a qualsiasi cosa nel vostro corpo o a qualsiasi energia dentro o intorno a voi che ha bisogno di essere guarita o trasformata di fluire giù per il vostro cavo di terra nella terra, dove Madre Terra può guarirla e trasformarla.

E lasciate che un po' di quell'energia di guarigione e trasformazione cominci a salire su una corda, che è parallela alla vostra corda di messa a terra. ... potete vedere questa energia come un fascio di luce in un particolare colore, che fluisce verso l'alto o potete sentirla come un cambio di temperatura o una texture, o anche come un tono... o un'armonia... E permettete a questa bella energia di salire... su dal centro della terra, su attraverso il mantello terrestre, su nella crosta terrestre e attraverso la crosta terrestre, su nella roccia sotto di voi, su nello sporco, su nelle fondamenta dell'edificio, su attraverso qualsiasi spazio sopra di esso, su attraverso il pavimento, su nei charka aperti in attesa dei vostri piedi.

Il polpastrello di ogni dito del piede ha un piccolo chakra, come un vortice, che si apre come l'obiettivo di una macchina fotografica. E c'è un chakra più grande al centro di ogni piede, che si apre anch'esso come l'obiettivo di una macchina fotografica. Quando l'energia meravigliosa della terra raggiunge i vostri piedi, essa fluisce verso l'alto, dolcemente e facilmente, attraverso i chakra aperti, che si sono aperto, turbinando attraverso di essi, guarendo e trasformandosi, riscaldandoli e calmandoli, riempiendoli di questa meravigliosa energia, di una luce meravigliosa, o di un calore o anche di una struttura o di un suono. E mentre riempie i vostri piedi, vortica attraverso le articolazioni delle caviglie, riscaldandosi e trasformandosi, riscaldandosi e trasformandosi... lasciandosi andare...

E questo bel colore, o calore, o tono o energia continua a fluire su... su... su... su nei polpacci, scorrendo lungo le ossa, riscaldando

È rilassante, lenitivo e, lascia andare tutto irradiando cioè che è fuori, entrando nei tendini, nei muscoli, nella fascia, nella pelle, e persino riempiendo il campo energetico intorno alle gambe...

E l'energia continua a fluire verso l'alto, turbinando e guarendo attraverso le ginocchia, riscaldando, ammorbidendo, lasciando andare...

E l'energia continua a salire lungo le ossa delle cosce, riscaldando e guarendo, ammorbidendo e rilassando, allentando e lasciando andare. Si muove fuori dalle ossa, verso i tendini, i muscoli, la fascia, la pelle, e anche riempiendo il campo energetico intorno alle cosce con questa meravigliosa luce o calore o suono o energia. È pura guarigione, lenitiva e rilassante... lasciatevi andare...

E l'energia continua a turbinare e a guarire mentre si muove dalle cosce verso l'alto nel bacino. L'energia si accumula e vortica, guarisce e si trasforma mentre rilassa i muscoli e tutti gli organi interni. Potete vederlo come una luce che riempie la vostra culla pelvica, o sentirlo come un'energia o un calore o una texture, o anche sentire un tono. E mentre questa energia riempie il vostro bacino, notate un piccolo rivolo di questa meravigliosa energia terrestre che continua a scendere lungo il vostro cordone di terra, di nuovo giù nella terra, completando il circuito. Così sai di essere parte dell'energia della terra...

E con questo circuito ancora in funzione, cominciate a concentrare la vostra attenzione al centro dell'universo... e lasciate che una meravigliosa luce colorata... o forse un tono... o un calore... o una struttura... cominci a fluire giù dal centro dell'universo...

Giù nella galassia della Via Lattea... Giù nel sistema solare... Giù nell'atmosfera terrestre...

Giù nel cielo sopra la testa... E giù nel tetto sopra la testa...

E giù attraverso lo spazio sotto di esso, anche attraverso le travi e i soffitti e persino i pavimenti, se ce ne sono, fino allo spazio appena sopra la testa...

E giù nella corona della testa... e da lì alla base del cranio e giù lungo il dorso delle vertebre... vertebra per vertebra... lungo il collo e giù lungo le vertebre sul retro del torace, e lungo le vertebre lombari fino alla base della colonna vertebrale.

E un po' di questa energia fluisce dalla base della spina dorsale verso il centro della terra, lungo il cordone ombelicale. Ora sapete

VOI siete la connessione dell'energia terrestre e dell'energia cosmica, della Madre Terra e del Padre Cielo. Potreste anche sentire un piccolo strattone alla base della vostra colonna vertebrale e alla sommità della vostra testa mentre riconoscete questa connessione... o potreste sentirvi automaticamente seduti un po' più dritti sulla vostra sedia...

E ancora più di questa meravigliosa energia cosmica si mescola nel vostro bacino... potete vederlo riempito con entrambi i colori contemporaneamente, o vederli fondere per fare ancora un terzo colore, o vedere un colore sparato attraverso l'altro con delle scintille... comunque lo vediate, va bene... potete sentire una sensazione insolita, oppure potete sentire due toni o un'armonia... e mentre questo meraviglioso colore o suono o sensazione inonda il vostro bacino, si espande nel vostro campo energetico intorno al busto inferiore e si espande risalendo i canali anteriori della vostra colonna vertebrale, si alza... su... su... su... delicatamente e facilmente per riempire il centro del cuore... e da lì si espande per riempire il petto e le spalle e l'energia comincia a fluire giù per le braccia, riempiendole e scorrendo e vorticando giù... giù per i gomiti nelle braccia inferiori e giù per i polsi... vorticando per i polsi nelle mani riempiendo con questa bella luce o tono o sensazione... lasciate che accada... e che l'energia goccioli attraverso i palmi delle mani e delle dita nello spazio intorno a te, riempiendo lo spazio intorno alle tue mani e alle tue braccia e al tuo petto con questo bel colore... o suono... o sentimento..... E l'energia comincia a risalire dalle spalle alla testa... riempiendo la testa con questa meravigliosa sensazione... o suono... o colore... fino a quando l'energia fluisce fuori dalla parte superiore della testa in un posto circa mezzo metro sopra la testa dove diventa una fontana... l'energia fluisce giù intorno al vostro intero campo energetico, pulendolo, curandolo, riscaldandolo, rilassandolo, riempiendolo con questa meravigliosa luce curativa, o suono o sensazione, pulendolo, pulendolo, liberandolo... spostando delicatamente fuori tutto ciò che non è sano per voi...

E godetevi quella sensazione incredibile di essere il collegamento tra terra e cielo, in voi e intorno a voi...

E godersi quel meraviglioso flusso di energia...

E quando siete pronti... tornate nella stanza... aprite gli occhi... spostatevi... potete chinarvi e toccare il pavimento per lasciar andare l'energia in eccesso...

Essere completamente coscienti del vostro corpo... cosciente... svegli... vivi... e rinfrescati!

Ancoraggio durante la meditazione da sdraiati
(Hollis Polk)

Potresti usare questa meditazione per quei CE-5 dove vi troverete sdraiati su una coperta sotto le stelle.

Si prega di sdraiarsi sulla schiena, sostenuti comodamente da cuscini, o qualsiasi cosa vi serva. Dovreste essere comodamente al caldo, ma comunque abbastanza freschi da rimanere svegli...

Fate un respiro profondo... e mentre espirate... lasciate solo che sentiate il sostegno di ciò su cui siete sdraiati... fate un altro respiro profondo, e mentre espirate... sentite quel sostegno sulla schiena... e sul dorso delle gambe... sentite quel sostegno sui talloni e sulle braccia.

Ora... fate un altro respiro profondo... e mentre espirate... sentite la temperatura dell'aria sulla guancia... notatela davvero... è calda... è fredda... è proprio giusta... è la stessa temperatura su entrambe le guance... lasciate che ve ne accorgiate dolcemente...

Ora... fate un altro respiro profondo... e mentre lo lasciate uscire, notate quanto bene la vostra testa è sostenuta... e quanto vi sentite rilassati...

E mentre ti rilassi, puoi cominciare a notare come qualsiasi cosa su cui sei sdraiato sia una parte della terra. Qualunque cosa sia proviene, in un modo o nell'altro, dalla terra, sia che si tratti di piume che provengono da anatre che hanno camminato sulla terra e che sono state nutrite da essa, sia che si tratti di legno di alberi che sono cresciuti nella terra o anche di tappeti fatti con petrolio proveniente dall'interno della terra... o qualcosa di completamente diverso... e così SEI sdraiato sulla terra. E puoi immaginare di essere sdraiato direttamente sulla terra... forse sei sdraiato su un mucchio di foglie o sul pavimento della foresta o in un campo d'erba o su una spiaggia o in qualche altro meraviglioso luogo naturale... sei sdraiato sulla terra...

E puoi cominciare a permettere ai tuoi muscoli di sciogliersi nella terra... lascia che le tue braccia si sciolgano... lascia che le tue gambe si sciolgano... lascia che la tua cassa toracica si sciolga... sentili sprofondare nella terra... e puoi immaginare la loro energia che scorre giù attraverso la terra sotto di te... giù nella roccia... giù attraverso la roccia nel mantello della terra... che scorre giù attraverso il mantello della terra...

 rapidamente e facilmente, giù nel nucleo fuso della terra.

Ora immaginate che questo flusso di energia sia un gigantesco cavo, un gigantesco cavo di terra, che collega ogni cellula del vostro corpo al centro stesso della terra. E ora immaginate che la Madre Terra vi mandi il suo amore, come energia, su questa corda di terra. Potete vedere questa energia come... un fascio di luce di un particolare colore, che fluisce verso l'alto... o potete sentirla come una temperatura o una texture, o potete anche sentirla come un tono... o un'armonia... E lasciate che questa bella energia salga... su dal centro della terra, su attraverso il mantello terrestre, su nella crosta terrestre e attraverso la crosta terrestre, su nella roccia sotto di voi, su nella terra, su nelle vostre cellule in attesa. E ognuna delle vostre cellule assorbe l'amore della Madre Terra e sa che è collegata alla Madre Terra. E ogni cellula viene rinnovata e rinfrescata dalla sua connessione con la Madre Terra.

Madre Terra vuole che tu abbia molta energia. Così, tornando alla normalità, la consapevolezza del risveglio, si comincia a muoversi, facilmente e dolcemente.

Forse potete cominciare a muovere le dita delle mani e dei piedi, e ora le mani e i piedi. E ora le gambe e le braccia e persino la testa e il busto. Ti senti...consapevole.... sveglio... vivo... rinfrescato...e pronto a partire!

VISIONE REMOTA

La visione remota è raccomandata come metodo valido per comunicare con gli ET dall'astronauta Dr. Edgar Mitchell. Il Dr. Mitchell ha creato l'organizzazione "La Fondazione per la Ricerca Sugli Incontri con Extraterresti e Straordinari" (FREE). Uno dei membri del nostro gruppo di più lunga data, Keiko, è la nostra studentessa più esperta nella visione da remoto. Ecco cosa vuole condividere:

La VR (Visione Remota) è una pratica che ci aiuta a sviluppare la nostra innata capacità di vedere e percepire particolari luoghi, strutture fisiche, persone, eventi, senza bisogno di essere fisicamente presenti per vederli o percepirli. La visione remota riguarda la vista, l'udito, l'olfatto, il gusto, le sensazioni e le emozioni nel tempo e nello spazio remoto. Potreste aver sperimentato casualmente fenomeni paranormali simili come *déjà vu* o premonizioni. Al contrario, quando ci si accampa lo si fa consapevolmente, concentrandosi su un "obiettivo" mentre si è nello stato meditativo.

Come visualizzare a distanza
- Sedetevi tranquillamente e lasciate andare i pensieri che occupano la vostra mente, svuotati.
- Connettetevi a un obiettivo e sappiate di essere connessi.
- Descrivete e disegnate le informazioni che ricevete attraverso i vostri cinque sensi e non solo, così come sono. In altre parole, descrivete le informazioni senza inventarne di vostre. (Sincronizzate gli emisferi destro e sinistro del cervello.) State cercando di allontanarvi dall'immaginazione, dalla memoria e/o dalla deduzione.
- Organizzate e analizzate le informazioni.

Abilità/attitudini che si possono sviluppare con la visione a distanza
Sincronizzando gli emisferi destro e sinistro del cervello durante la pratica della VR possiamo sviluppare le nostre capacità psichiche. Inoltre, il rilevamento di obiettivi remoti ci dà l'esperienza dell'unicità. Rendersi conto che siamo connessi l'uno all'altro con i nostri pensieri/intenzioni può renderci umili con gli altri.

Un istruttore esperto di VR all'Istituto Monroe ha detto di non aver mai incontrato nessun individuo che non potesse vedere o percepire nulla alla fine di un *workshop* della durata di un fine settimana. Tutti noi abbiamo queste capacità e possiamo svilupparle esercitandoci. La pratica vi darà la conferma di ciò che è la vostra vera natura di essere non-locali e di essere un tutt'uno con il campo unificato della coscienza.

Per iniziare a praticare la visione a distanza
Nei suoi DVD, il Dr. Greer raccomanda di affinare la nostra intuizione esercitandoci con questi esercizi:

- Percepire chi ci chiama prima di alzare il telefono
- Percepire chi ha bussato prima di aprire la porta
- Percepire quale oggetto qualcuno abbia messo in una scatola, quale foto o quali parole sono state messe in una busta

Ci sono diversi metodi e tecniche di Visione Remota tra cui scegliere. Potete trovare libri, DVD, workshop, siti web, ecc. sulla VR. Ci sono applicazioni e siti web che offrono obiettivi di VR come http://www.rvtargets.com/. La registrazione e l'utilizzo sono gratuiti.

Come usare la visualizzazione remota per il CE-5
Quando siete sul campo durante il CE-5, iniziate a meditare con un mantra, un suono, una visione particolare, una meditazione guidata, ecc. Quando raggiungete lo stato di quiete, iniziate a concentrarvi sul vostro obiettivo:

- Vettorare agli ET la vostra posizione andando nello spazio, e poi tornando alla vostra posizione con la vostra coscienza
- Visitare un pianeta, una galassia, una stella
- Incontrare diverse civiltà galattiche
- Incontrare un Essere Stellare
- Andare alla Stazione Spaziale Internazionale
- Andare a un incontro galattico
- Andare alla Stazione Spaziale sugli Anelli di Saturno

Come già detto in precedenza, la Visione Remota non si limita a cogliere le viste, i suoni, le texture e gli odori di un luogo. Si possono anche cogliere le emozioni, i sentimenti e i pensieri che un luogo offre. Alcuni astronauti hanno avuto i seguenti sentimenti e pensieri mentre galleggiavano nello spazio:

- Ognuno è collegato all'altro
- È un posto familiare, come casa
- Non c'è un assoluto
- Dobbiamo prenderci cura l'uno dell'altro

Cosa vedrai/sentirai quando starai facendo visione remota nello spazio mentre il tuo corpo è nel circolo nel sito del CE-5?

Link
Per saperne di più sulla Visione Remota, consultare i link sottostanti.

Corso di Visione Remota di Prudence Calabrese (7 video) https://youtu.be/uij1clj9FzY
La storia segreta della Visione Remota degli Stati Uniti https://youtu.be/kUOu7MJnpO4
Ingo Swan - Le super sensibilità umane e il futuro https://youtu.be/rHH5PBS2H_I
Joe McMoneagle, *The Stargate Chronicles*, MUFON Conv 2/16/06 https://youtu.be/egk7V8XKRWQ
John Vivanco Spia Psichica - Parte 1 di 3 https://youtu.be/ZTEtvMoUjas
John Vivanco Spia Psichica - Parte 2 di 3 https://youtu.be/y0W8MHbZ9N0
John Vivanco Spia Psichica - Parte 3 di 3 https://youtu.be/NXvT0OC98Nc
Lezioni apprese dal programma Stargate con Edwin May https://youtu.be/L811nO601sg

COMUNICAZIONE BIO-ELETTROMAGNETICA

Gli esseri umani hanno il potenziale di emettere un campo di forza molto potente. Ho avuto un'esperienza accidentale di telecinesi, il che lo dimostra di persona. Crediamo che questa sezione sia la punta di diamante del CE-5 e della nostra stessa evoluzione. Molte grazie a Jeremy del CE-5 Aotearoa in Nuova Zelanda, che ha condiviso con noi questa tecnica avanzata di comunicazione.

Questo processo è specificamente focalizzato sulla comunicazione energetica attraverso il campo bio-elettromagnetico del cuore: il toro. Si basa sull'apprendimento empirico da diversi casi verificati di contatto e interazione a distanza ravvicinata.

Principi:

- La forma geometrica utilizzata per descrivere la natura autoriflessiva della coscienza è il toro. Il toro può essere usato per definire il funzionamento della coscienza stessa, quindi la coscienza ha una geometria.

- Il toro permette la formazione di un vortice di energia, piegandosi su sé stesso e rientrando in sé stesso. Esso fa 'dentro e fuori', fluisce continuamente dentro sé stesso. Pertanto, l'energia toroidale si rinfresca continuamente e influenza continuamente sé stessa.

- Quando il toro è in equilibrio e l'energia fluisce, siamo nello stato perfetto per essere i nostri autentici "noi". L'autenticità è una componente chiave nella connessione con l'ET e gli esseri celesti.

- Il campo magnetico del cuore è toroidale e comunica con tutto il corpo e con l'ambiente esterno. È una modalità di comunicazione energetica non verbale che può essere utilizzata per comunicare efficacemente tra di noi, con l'ambiente e con altri tipi di esseri.

- Poiché i campi elettromagnetici toroidali sono olografici, è probabile che la somma totale del nostro Universo sia presente all'interno dello spettro di frequenza di un singolo toro. Ciò significa che ognuno di noi è connesso all'intero Universo e può accedere a tutte le informazioni al suo interno in qualsiasi momento.

Schema del processo: Questo è uno schema del processo generale che dovrebbe essere seguito in una meditazione guidata e consegnato dal facilitatore del team. Questo processo non è fisso, è un "*work in progress*" e dovrebbe essere affrontato con creatività e flessibilità. Durante questo processo possono verificarsi eventi di contatto significativi; pertanto, l'adattabilità è spesso necessaria. Essere guidati all'interno di ciò che accade naturalmente e rimanere presenti all'interno dell'energia coerente e dei principi di cui sopra.

- Concentrarsi sul lavoro come un team CE-5 completamente unificato con l'intento collettivo condiviso di pace e unità universale. Si possono formare team specifici con coloro che naturalmente risuonano con questa intenzione.

- Stabilire un campo energetico toroidale coerente all'interno del team CE-5. Se è la prima volta che si pratica questo processo, completate prima la Meditazione dell'Energia Risonante. Una volta acquisita familiarità con la creazione di un campo coerente di energia toroidale, createlo come preferite, in modo che funzioni al meglio per il vostro team, poi continuate con questo processo. Mettete alla prova nuove idee.

- Scegliete consapevolmente di legare l'intento collettivo condiviso del team all'interno della struttura del campo energetico toroidale. Concentratevi sull'essere uno. Unite la vostra volontà divina basata sul cuore nella forma toroidale e ravvivate lo spettro di colori del campo energetico toroidale, vedendo la forma in modo più chiaro e brillante nella coscienza, notate come vi circonda. Fondetela consapevolmente con gli altri nella squadra.

- *E-motion*, Energia in movimento. Date energia al campo toroidale riempiendo il vostro centro del cuore con le emozioni dell'amore, della gioia, della pace, della gratitudine, ecc. Lasciate che questi sentimenti trabocchino e si fondano all'interno della struttura vibratoria del toro, sentendo un aumento della velocità del flusso di energia e vedendolo attivarsi ulteriormente come risultato. Concentratevi su un singolo punto zero di energia del cuore all'interno del centro del cerchio, essendo questo il centro del cuore della squadra.

- Riconoscete che ognuno di noi è collegato all'intero Universo e può accedere a tutte le informazioni al suo interno in qualsiasi momento, attraverso il centro del cuore. Quando accediamo a ciò che è presente nei nostri cuori, ci stiamo letteralmente connettendo alla fornitura illimitata e alla saggezza dell'Universo. Questo permette a ciò che chiamiamo miracoli di essere presenti con noi. Abbracciate questa consapevolezza che esiste nel nostro centro del cuore. Permettetegli di risuonare semplicemente come Verità Universale e di irradiare dal nostro essere.

- Tenete aperto questo spazio per la comunicazione. Trasmettete informazioni energetiche attraverso lo spettro elettromagnetico toroidale del cuore. Inizialmente, concentratevi su un invito energetico. Trasmettete questo invito nell'ambiente immediato e poi nell'ambiente lontano, espandendo la forma toroidale nella coscienza. Scalatela fino ad abbracciare l'intero pianeta, poi riducetela all'area locale. Ripetete più volte espandendovi ogni volta di più, fino allo spazio, invitando continuamente tutti gli esseri che risuonano con l'intento. Muovetevi senza sforzo nella coscienza attraverso la connettività toroidale. Sappiate che le informazioni che comunicate attraverso questa forma saranno probabilmente ricevute da altri esseri senzienti. Irradiate l'energia dell'invito e ciò che credete sia di comune importanza per stabilire la comunicazione. Assicuratevi di tenere aperto anche uno spazio per le risposte.

- Dirigete la vostra attenzione all'interno di tutti i parametri della toroide condiviso, espandendo la consapevolezza toroidale e vedendola come infinitamente grande e infinitamente piccolo allo stesso tempo, sia internamente che esternamente. Seguite consapevolmente le attrazioni magnetiche centrate sul cuore in determinati luoghi, inizialmente all'interno dell'ambiente locale, poi in altri parametri. Fate risonare l'intenzione di connettersi con gli esseri che potrebbero essere lì, in quel luogo specifico. Permettete a voi stessi di espandervi completamente e di percepire il più possibile. Chiedete loro di verificare la loro presenza in modi che siano ovvi e senza dubbio veri per voi e per il team. Se la comunicazione è verificata, guidate il team a concentrare l'energia del cuore su quel parametro specifico e chiedete agli esseri di essere il più possibile presenti e interattivi. Trattenete l'energia affinché possano connettersi ulteriormente e godetevi l'amore che viene dall' essere ambasciatori della Terra.

MUSICA E SUONO

Barbara Marciniak parla dell'importanza del suono nella sua raccolta sulla canalizzazione:

"Il suono è uno strumento di trasformazione. I custodi della frequenza, che vi incoraggiamo a diventare, imparano a modularla attraverso il suono. Il suono può penetrare qualsiasi sostanza, spostare le molecole e riorganizzare le realtà. Potete iniziare a lavorare con il suono permettendogli di risuonare attraverso il vostro corpo. Mettetevi al centro, liberate la mente e lasciate che i toni vi attraversino. Le antiche scuole del mistero lavoravano con il suono in questo modo, ed è una tecnica molto potente se eseguita in gruppo. Dopo averci lavorato per un po' di tempo, vi spingerete molto lontano con l'uso del suono. È come un potente strumento che viene dato a un bambino. Senza un'adeguata consapevolezza, potresti fare delle cose e non realizzare le possibili estensioni di ciò che stai facendo.

"Pensate a cosa fa il suono negli stadi e negli auditorium. Il tifo o il fischio di una folla crea un'atmosfera. Quando gruppi di voi creano un suono insieme, si crea un'atmosfera per voi stessi. Permettete a certe energie di suonare gli strumenti del vostro corpo. Lasciate andare i preconcetti e permettete a melodie ed energie diverse di usare i vostri corpi fisici come un'opportunità per rappresentare loro stessw sul pianeta. In realtà, ciò che sperimentate è la forza vitale delle energie che permettete di esprimere attraverso voi stessi. Diventate dei canali. Permettete ad una vibrazione di arrivare sul pianeta nella sua piena gloria attraverso i vostri corpi e la vostra cooperazione congiunta. Voi fate nascere qualcosa. Create un'opportunità e l'energia sfrutta questa opportunità.

"Il suono si evolverà. Ora gli esseri umani possono diventare strumenti per il suono attraverso la tonificazione. Alcune combinazioni di suoni riprodotti attraverso il corpo sbloccano informazioni e frequenze di intelligenza. Rimanere in silenzio per un lungo periodo dopo le armonizzazioni permette all'essere umano di usare il proprio corpo come strumento per ricevere e assorbire le frequenze, e di usare il veicolo del respiro per portarlo in uno stato di estasi. Quando si suona con gli altri, si ha accesso alla mente del gruppo che non si aveva prima di comporre il suono. La parola chiave è "armonia".

"Ciò che si intende fare con il suono è della massima importanza. Se non si hanno chiare le proprie intenzioni, il suono può avere un modo di avvolgersi su sè stesso e di superare la sua capacità originaria. Esso raddoppia e quadruplica sè stesso con il suo stesso impatto. È molto importante per voi avere una chiara intenzione di ciò che intendete fare con il suono. Il suono stimola l'energia. Crea un'onda colonnare permanente, costruendo frequenza su frequenza. Questa energia può essere diretta verso, o verso qualsiasi cosa. Quando create il suono in un cerchio, o nella circonferenza del pilastro di luce, create una colonna che è capace di molte più cose rispetto a quelle che abbiate mai realizzato. È capace di creare esplosioni, e di distruggere e creare molte altre realtà".

Da I Portatori dell'Aurora
https://www.pleiadians.com/dawn.html

Uso del suono in CE-5

La musica è uno strumento potente. Ci muove, ci cambia e ci eleva. Il suono può sostenere la nostra capacità di rilassarci e di voltarci verso l'interno e rende più facile la connessione con l'universale.

Durante il CE-5 è possibile:

- Suonare o cantare canzoni in sottofondo a chiacchiere di gruppo, istruzioni o meditazione
- Suonare o cantare canzoni come focus del gruppo
- Cantare insieme
- Intonare canti insieme
- Fare una Puja
- Intonare a bocca chiusa
- Crease singoli toni
- Suonare il tamburo
- Suonare il didgeridoo
- Suonare le campane tibetane
- Suonare le campanelle
- Colpire i diapason
- Ecc.

Fate ciò che vi attira di più e completate la vostra agenda del CE-5 con ciò che il gruppo preferisce.

Se siete interessati al suono come strumento di guarigione per voi stessi, potreste farlo:

- Andate alla pagina di guarigione con suono di Tom Kenyon: http://tomkenyon.com/music-sound-healing
- Ascoltate Mozart, o qualsiasi altra cosa che vi sollevi. Samoiya Shelley Yates ne parla nella sua incredibile storia: https://www.youtube.com/watch?v=KHGyu_AXNWg&t=9s
- Vai all'Istituto Monroe per ottenere alcuni CD hemi-sync: https://www.monroeinstitute.org/store
- Afferra la meditazione Omnec Onec Soul Journey che è una bellissima sinfonia che attraversa tutti gli stati di coscienza: http://omnec-onec.com/meditation-cdsouljourney/
- Ascolta i primi tre minuti della settima sinfonia di Beethoven. Secondo Bashar, questa musica ha un profondo effetto curativo: https://www.youtube.com/watch?v=RpJeWvFZ_fg&t=1675s

PUJA

La puja è una cerimonia che ha avuto origine in India e che onora e venera le divinità indù. Spesso è ritualizzata con accessori come un grande *thali* (vassoio), candele, campane, coppe e cucchiai d'ottone o d'argento, acqua pura, salvia, bastoncini d'incenso, fiori, frutta, riso non cotto e immagini e/o figurine dei Maestri Ascesi.

La Puja è cantata in sanscrito. Si pensa che il sanscrito sia la radice di tutte le lingue indoeuropee. È antico: può essere il residuo di una lingua parlata durante l'ultima età dell'oro e la sua origine può essere interstellare. Si ritiene che le parole sanscrite siano la più precisa intonazione sonora che corrisponda in modo più preciso a quella che la parola descrive. Se la si fa correttamente con stati di coscienza elevati alcuni credono che uno si possa manifestare usando la lingua sanscrita.

Nel contesto della CE-5, la puja è secolarizzata. Ma la cerimonia non rappresenta una preghiera ad una divinità particolare, bensì una preghiera generale, un culto o un'adorazione del cosmo o del lignaggio collettivo dei Maestri Ascesi (come Buddha, Babaji, Krishna, Gesù, Sai Baba, ecc.), che hanno aiutato e continuano ad aiutare lo sviluppo spirituale del nostro mondo. Fare una puja durante una CE-5 può essere molto semplice. Mettete alcuni cristalli o altri oggetti sacri su un piccolo tavolo, bruciate una candela e accendete l'incenso. Si può anche bruciare la salvia. Canta "Om" più volte e poi canta la puja per un po'. Lasciate bruciare la candela e l'incenso fino al CE-5.

Puja da includere in un CE-5:

Isha Yoga Guru Pooja
Il Dr. Greer canta una puja molto lunga e coinvolgente. Ci vorrebbe molto tempo per memorizzarla, quindi la cosa più semplice da fare è trovarla su YouTube e convertirla in mp3 con un convertitore online da YouTube a mp3 (come https://ytmp3.com/). Ricerca: "Joshua Tree 2015 - Puja con il Dr. Steven Greer" https://www.youtube.com/watch?v=iN2dpW2mjn0

Im Nah Mah
Questo mantra si traduce in "vicino a Dio" o "uno con l'essere superiore". La melodia di questo è: G-C-C (o qualsiasi altro intervallo di quinta). Una volta cantata la melodia un paio di volte, per far sì che la gente capisca la melodia, fate in modo che tutti continuino il canto interiormente per la durata della meditazione.

Per sentire come suona, potete trovarla su YouTube se cercate "Cosmic Consciousness Meditation Part 1 of 5" (https://www.youtube.com/watch?v=vo72V0S2me8)

Gayatri Mantra
Questo mantra adora la dea Gayatri, che non è considerata una divinità o semidio, ma l'unica personalità suprema. Una bella e allegra puja che celebra il nostro movimento verso la femminilità mentre l'energia della dea si gonfia e prende slancio in questo tempo di trasformazione. Cercate "Gayatri Mantra" su YouTube per ascoltare la melodia. Ci sono diverse versioni; scegliete la vostra melodia preferita.

> Om bhoor bhuvah svah
> Tat savitur varenyam
> Bhargo devasya dhimahi
> Dhiyo yo nah prachodayat

Traduzione:
(Oh) Suprema (chi è) il mondo fisico, astrale (e) causale (sé stessa).
(tu sei) la fonte di tutti, meritevole di ogni culto
(O) Radiosa, divina (noi) meditiamo (su di te)
Propaghiamo il nostro Intelletto (verso la liberazione o la libertà)

Moola Mantra
Questo mantra evoca il Dio vivente, chiedendo protezione e libertà da ogni dolore e sofferenza. Cercate "Moola Mantra" su YouTube per ascoltare le versioni del brano.

> Om
> Sat Chit Ananda Parabrahma
> Purushothama Paramatma
> Sri Bhagavathi Sametha
> Sri Bhagavathe Namaha

Traduzione:
Om: Facciamo appello alla più alta energia, di tutte quelle che ci sono
Sat: L'informe
Chit: La coscienza dell'universo Ananda: Amore puro, beatitudine e gioia Para brahma: Il creatore supremo
Purushothama: Chi si è incarnato in forma umana per aiutare a guidare l'umanità
Paramatma: Chi viene a me nel mio cuore, e diventa la mia voce interiore
Sri Bhagavati: La madre divina, l'aspetto del potere della creazione
Stessa cosa: insieme a
Sri Bhagavate: Il Padre della creazione, che è immutabile e permanente
Namaha: Vi ringrazio e riconosco questa presenza nella mia vita

The Pushpak Aircraft
Balasaheb Pandit Pant Pratinidhi, 1916

TONIFICAZIONE E RONZIO

Keiko è anche la nostra esperta lavoratrice del suono. Ecco cosa ha da dire sui toni e sulle intonazioni a bocca chiusa:

La nostra voce può essere uno strumento che promuove la guarigione e la trasformazione a tutti i livelli della nostra esistenza. L'intonazione è un grande strumento per il miglioramento emotivo e la liberazione. Può essere rilassante ed edificante allo stesso tempo. Il vibrato può essere calmante e può portarvi in un profondo stato meditativo.

Quando inotniamo o cantiamo a bocca chiusa, il processo di vocalizzazione stimola il nostro cervello, e la vibrazione sonora attraversa tutto l'interno del nostro corpo prima ancora di diventare suono. Quando sentiamo il suono, esso stimola ulteriormente il cervello e fa vibrare tutto il corpo all'esterno. Tutto questo ci muove a livello molecolare per riportarci a uno stato naturale ed equilibrato.

Il suono è anche un vettore di informazioni. Quando abbiamo un risultato desiderato, possiamo usare il suono con intenzione. È un modo potente di manifestarsi, ed è facile ed efficace. La trasformazione avverrà quando ne riconoscerete la potenza dentro e fuori di voi. Proprio come quando si suona con più di cento persone, anche se non si riesce a distinguere la propria voce, si sa che si è parte della grande armonia.

Intonare o canticchiare in un gruppo aumenta la coerenza, amplifica l'energia e intensifica le intenzioni. Quando intoniamo o cantiamo a mezza voce con pensieri amorevoli e apprezzamento, possiamo creare un potente campo vibrazionale d'amore, e possiamo così portare luce al pianeta.

Il tono e il vibrato sono anche modi per comunicare in dimensioni vibrazionali più elevate. Nella nostra dimensione possiamo usare il tono e il mormorio per comunicare con i nostri bambini, gli animali, le piante e, naturalmente, con le stelle.

Come intonare: Di solito i suoni delle vocali allungate sono usati per intonare, come AH (come in "ma"), III (come in "sì"), UUU (come in "tu"), OH (come in "so"), ecc. Spesso il suono AH è usato per tonificare perché è associato ai nostri chakra del cuore e ha una potente energia. Si dice anche negli insegnamenti buddisti che AH è il suono originale della creazione e cantando AH possiamo essere un tutt'uno con l'energia universale. L'OM, che è il noto suono primordiale della creazione (nella tradizione indù), suona come AUM (AH-UU-M).

1. Rilassatevi.
2. Impostate la vostra intenzione.
3. Canttea una vocale a pieno respiro. Ripetete lo step. Potete intonare a qualsiasi tonalità, intensità o qualità che vi mettete a vostro agio e con cui risuonate. Ascoltate voi stessi e gli altri per essere armoniosi. Se i vostri codici vocali sono stressati, allora canticchiate un po' per alleviare lo stress.
4. Dopo un minimo di 5-10 minuti di intonazione, fate silenzio per massimizzarne l'effetto.

Come canticchiare a bocca chiusa: vibrato è il modo più semplice per produrre il suono auto-creato più efficace. Si dice anche che il vibrato sia il suono della creazione ed è sempre dentro di noi. Quindi noi canticchiamo sempre, consapevoli o meno.

1. Rilassatevi. Stabilite la vostra intenzione.
3. Chiudete le labbra e tenete i denti superiori e inferiori leggermente separati.
4. Proiettate il suono nella cavità orale, nella cavità nasale e nel resto del cranio e nella cavità toracica.
5. Dopo un minimo di 5 minuti di vibrato, fate silenzio per massimizzarne l'effetto.

ALTRO MATERIALE SONORO

C#
L'orbita terrestre intorno al sole crea un vibrato così basso da non poter essere sentito dall'orecchio umano. Secondo Bashar, un ET che si incanala attraverso Darryl Anka, la frequenza di questo tono è all'incirca la stessa della nota C# (do diesis) della nostra scala musicale. Anche se il percorso musicale della terra intorno al sole è di 33 ottave più basso del Do medio sui nostri pianoforti, si può comunque trarre beneficio dall'ascolto di questa frequenza nella gamma che possiamo sentire. Bashar dice che se vi immergete in questo tono troverete chiarezza e le cose diventeranno più semplici. Comincerete letteralmente a "vedere nitido". La terra vi sosterrà come sostiene tutto in natura. Potreste suonare questo tono in sottofondo mentre meditate su un CE-5.
Esistono diverse versioni su YouTube:

>solo C#: https://www.youtube.com/watch?v=6Q3KsrB1KM4
>C# con sfumature melodiche e battiti binaurali: https://www.youtube.com/watch?v=SBMXxm9X3P4&t=1254s

Anael e Bradfield
Anael e Bradfield sono musicisti che hanno collaborato al progetto "Fire the Grid" che Samoiya Shelley Yates ha guidato. (La sua storia è incredibile e coinvolge gli esseri ET, cercate "Shelley Yates Vancouver Speech" su YouTube per ascoltare la sua storia). "Sky Sent" e "Be Still Thy Soul" sono due bellissime canzoni che hanno come tema la divulgazione degli ET e il cambiamento che sta avvenendo ora. Conosco un gruppo CE-5 che dice che agli ET sembra davvero piacere quando si suona la canzone Sky Sent. Ascoltate il testo e capirete perché! Disponibile su iTunes, o su https://anael.net/.

Canzoni divertenti relative agli UFO o a ET:
Fai una playlist per il viaggio per arrivare alla località del CE-5:

- Anael and Bradfield - *Sky Sent*
- Babes in Toyland - *Calling Occupants of Interplanetary Craft* (Cover)
- Billy Bragg - *My Flying Saucer*
- Billy Thorpe - *Children of the Sun*
- Blue Rodeo - *Cynthia*
- The Carpenters - *Calling Occupants of Interplanetary Craft* (Cover)
- Credence Clearwater Revival - *It Came Out of the Sky*
- David Bowie - *Starman*
- Elton John - *I've Seen The Saucers*
- Five Man Electrical Band - *I'm A Stranger Here*
- Husker Du - *Books About UFOs*
- Jefferson Airplane - *Have You Seen The Saucers?*
- Kesha - *Spaceship* (Kesha saw several UFOs in Joshua Tree in 2017)
- Klaatu - *Calling Occupants of Interplanetary Craft* (Inspired by World Contact Day)
- Spiritualized - *Ladies & Gentlemen, We are Floating In Space*
- Yes - *Arriving UFO*

ESEMPI DI AGENDE CE-5

Modellate le vostre prime CE-5 dopo una delle seguenti agende, fino a sviluppare il vostro stile unico:

Il nostro tipico CE-5
- Per prepararsi, meditate tre volte nella settimana precedente al lavoro sul campo
- Il giorno del contatto, sedetevi in cerchio e fissate l'intenzione del gruppo
- Intonate la parola "Om" insieme tre volte come un'apertura
- Fate una meditazione ad occhi chiusi per connettersi alla coscienza di una mente
- Orientatevi tutti verso le costellazioni, i pianeti, la stella del nord, ecc.
- Fate un'altra meditazione, occhi aperti, guardare il cielo
- Guardate il cielo e scambiate storie, ridete, mangiate spuntini, mettetevi a proprio agio nei sacchi a pelo
- Per chiudere, ringraziare tutti e gli ET

CE-5 per le persone di scienza
- Sedetevi in cerchio e fissate le intenzioni per la notte
- Fatev un orientamento del cielo
- Controllate gli elementi essenziali del contatto: una connessione mentale, un cuore sincero, un'intenzione chiara
- Riproducete una meditazione del Dr. Greer sulla sequenza di pensiero coerente
- Lasciate che un esperto di astronomia mostri le costellazioni, le stelle, i pianeti, ecc.
- Osservate il cielo e insegnate a discernere che cosa è un UFO è o cosa non lo è
- Esaminate gli incontri UFO più legittimi, i documenti ufficialmente rilasciati, ecc.
- Discutete l'interazione tra spiritualità e scienza, emozioni e logica, cuore e mente
- Fate una osservazione silenziosa del cielo scollegata dalle analisi/pensiero... invece, concentrarsi sull'unicità, e/o sull'amore
- Chiudete con un ringraziamento e un apprezzamento per la reciproca partecipazione a questo esperimento

CE-5 per le persone spirituali
- Sedetevi in cerchio, tenetevi per mano e fate una preghiera di apertura
- Impostate un'intenzione per la notte
- Fate una meditazione di compensazione
- Fate condurre a qualcuno una meditazione dell'unicità
- Prendetevi un po' di tempo per guardare il cielo in silenzio
- Cantate una Puja insieme o fatela cantare a una persona
- Fate una meditazione per ricevere i messaggi inviati al gruppo
- Suonate un po' le campane tibetane o il didgeridoo
- Fate più osservazione del cielo
- Chiusura: Prendetevi per mano, benedite e ringraziate Madre Terra, Padre Cielo, l'un l'altro, la Fonte e gli ET

CE-5 di Matt Maribona
Andate fuori, pensate a tutte le volte nella vostra vita che avete provato amore, come quando vi siete innamorati, avete tenuto in braccio un bambino, avete assistito alla morte di una persona cara, vi siete goduti un gelato in un giorno d'estate, vi siete fatti leccare il viso da un cucciolo, avete guardato il tramonto, avete sorriso a uno sconosciuto, avete ballato con la grande musica, avete sentito l'armonia della natura, ecc. Alzate lo sguardo, sapendo che gli ET sono là fuori, e dite "Ciao".

K.I.S.S.S. CE-5 di Josh
- Ascoltate una meditazione del Dr. Greer
- Mettete su i Pink Floyd e guardate il cielo

CE-5 basato su una spedizione di formazione CSETI con il Dr. Greer
- Prima dell'inizio, riproducete i toni del crop circle sugli altoparlanti. Utilizzare un walkie-talkie o un trasmettitore radio per trasmettere i toni nello spazio. Effettuare questa operazione durante l'impostazione e durante le pause.
- Fare una mappatura del cielo.
- Usate puntatori laser per segnalare agli ET la posizione della squadra.
- La cerimonia puja inizia quando c'è un qualche tipo di segnale come una luce anomala. State in piedi durante la cerimonia. In alternativa, dite qualche parola di gratitudine che per l'esservi trovati e dite che siete disposti ad un incontro per portare la pace cosmica sul nostro pianeta.
- Conducete il gruppo alla meditazione e poi sedetevi in silenzio in meditazione per 30-45 minuti. Date a una persona il ruolo di osservatore del cielo mentre il gruppo chiude gli occhi durante questa meditazione.
- Fate il debriefing dalla meditazione e discutete per circa un'ora mentre osservate gli eventi di ET.
- Fate una pausa per uno spuntino, per una conversazione e per le pause biologiche.
- Fate un altro giro di meditazione, seguito da un debriefing e da una discussione.
- Chiudete il cerchio tenendovi per mano e generando un sentimento di gratitudine.
- Fate convivialità post lavoro sul campo con vino, formaggio e cracker.

Il CE-5 di Lyssa Royal Holt
- Fate una cerimonia di apertura che includa la salvia, accogliendo gli spiriti locali e le guide della terra.
- Chiedete il permesso per la presenza sul territorio usando un mantra come il Gayatri Mantra.
- Lyssa fa una canalizzazione sul tema scelto per l'apprendimento in quella giornata- se non avete un canalizzatore, scegliete un argomento per lo sviluppo e parlatene. In occasione dei CE-5 di Lyssa, le entità continuano a guidare il gruppo attraverso la canalizzazione per mezzo di una meditazione di contatto.
- Se si verificano fenomeni strani come le anomalie meteorologiche, lavorate su questo per vedere ciò che accade al di là della percezione umana, su ciò che spesso si traduce attraverso l'ambiente.
- Lavorate con una foto di derivazione ET per connettervi con l'energia dell'entità.
- Le cose da fare sono variabili e dipende dalle circostanze, dalle condizioni, dal gruppo e dai messaggi.

CE-5 Aotearoa - CE-5 per le nuove persone
- Invitatela a chiunque desideri conoscere il CE-5, in accordo con quanto richiesto dal resto del team.
- Praticare la sequenza di pensiero coerente prima dell'evento.
- All'evento: Accoglienza da parte del facilitatore dell'evento, presentazioni, orientamento al sito/cielo, cosa aspettarsi, ecc.
- *Buddy system*: accoppiare nuove persone con persone con esperienza, quando possibile.
- Ognuno condivide la sua intenzione per partecipare all'evento.
- Fate l'apertura con una cerimonia che invita tutti ad assistere alla nostra transizione verso la pace per unirsi a noi. Estendete la vostra gratitudine e ringraziate loro e gli altri.
- Riempite il vostro cuore d'amore riconoscendo tutto ciò per cui siete grati.
- Aprite la meditazione CTS, poi una meditazione silenziosa.
- Fate gruppo di condivisione poi una breve pausa e passeggiata sul sito per coloro che lo desiderano, persone esperte supporteranno i nuovi arrivati al CE-5.
- Meditate, discutete e condividete per il resto della serata, seguendo ciò che accade naturalmente.
- Chiudete con una cerimonia di ringraziamento, ringraziamenti, preghiere, musica, ecc.

Esempi di agende CE-5

CE-5 Aotearoa - CE-5 per squadre esperte

- Organizzate un evento che duri 3 o 4 notti. Più tempo permette spesso di fare esperienze più profonde.
- Fate delle meditazioni quotidiane di Sequenza di Pensiero Coerente (CTS) per questo sito almeno due settimane prima.
- Impostate l'intenzione di connettervi ulteriormente con specifici esseri con cui è già stato stabilito un contatto. Comunicate chiaramente in CTS che vorreste che la relazione fosse reciprocamente vantaggiosa.
- Imparate a conoscervi l'un l'altro e a creare un legame che vi aiuti a formare una squadra coerente. Più vicini siamo noi, più vicini sono loro. Immaginate i volti dell'altro (anche dei non umani) quando fate un CTS e concentratevi sul lavoro come un tutt'uno.
- Create una lista di e-mail per i partecipanti all'evento e incoraggiate la comunicazione.
- Scrivete tutti i sogni, le esperienze fuori dal corpo (OBE), la VR, le sequenze numeriche o altre esperienze che potrebbero essere collegate all'evento. Condividetele con tutti i partecipanti alla mailing list.
- Mangiate cibi leggeri (preferibilmente vegetariani) una settimana prima e durante l'evento.
- Iniziate con una preghiera di apertura/intonazione e poi con la condivisione di gruppo.
- Fate progressi con una meditazione energetica di risonanza o simile per allineare i centri energetici di tutti i membri dell'équipe. Ancorateli alla Terra e poi estendeteli all'esterno e all'interno di tutti i parametri.
- Mantenete lo spazio energetico dell'amore, della gioia, della gratitudine e della pace all'interno del centro dell'équipe.
- Mantenete l'intenzione perchè le entità si "fondano" con la squadra.
- Attraversate il processo di comunicazione bio-elettromagnetica, poi in meditazione silenziosa, poi in "di' quello che vedi". Parlate di ciò che si vede quando l'équipe si trova in uno stato di VR condivisa (idealmente) e può quindi accedere a parti delle stesse informazioni. Chiedere conferma attraverso la tecnologia presente (misuratori tri-campo ecc.) e/o attraverso l'esperienza collettiva condivisa (immagini, sensazioni, sensazioni insolite, attrazione per alcune aree del sito, ecc.)
- Se ci sono risposte da parte dei macchinari al progredire dell'informazione, aprite una sessione di domande e risposte: chiarisci con chi sei in contatto "Puoi confermare che siamo in contatto con un'entità ET" etc., chiedendo ai tipi di entità di confermare (ET, Celestiale, Spirito etc.). Se si utilizza un misuratore, fate domande con una risposta "Sì" o "No"; "No" può spesso essere silenzio, ma assicuratevi di chiarire cosa sia "Sì". Se ci sono immagini o sentimenti condivisi, ecc., rimanete concentrati su di essi e sviluppateli ulteriormente, chiedendo con energia maggiori informazioni/comprensioni. Chiedete alle entità presenti di unirsi al team. Seguite il flusso.
- Concentratevi sul flusso di energia e sullo "scaricare" di informazioni.
- Se si verifica un 'lock-on' energetico (di solito misurato con un misuratore a tre campi) la squadra può tenersi per mano e mettere i piedi a terra in modo che l'energia sia distribuita e ancorata. Distribuite liberamente l'energia tra le squadre CE-5 in tutto il mondo, semplicemente con l'intenzione di farlo. Mantenere l'intensità di questi scaricamenti leggeri tenendo la sensazione di gioia e ancorandola alla terra. Sorridete, lasciate che le informazioni diventino note.
- Meditate e discutete/condividete per il resto della serata, seguendo ciò che accade naturalmente. Incoraggiate l'équipe a condividere liberamente tutto ciò che viene vissuto.
- Chiudete con una cerimonia di ringraziamento per tutti coloro che hanno partecipato.

Istruzioni di Robert Bingham su come evocare gli UFO

Iniziate avendo un cuore aperto e una mente aperta. Abbiate una buona intenzione. Concentratevi su un punto nel cielo. Dite telepaticamente: "Vieni, per favore. Grazie". Osservate il cielo.

Attività CE-5 fatte durante il ritiro di Kosta ETLet'sTalk:
- Fate una meditazione di apertura che colleghi i membri de gruppo l'uno all'altro, alla Comunità Globale CE-5 e a quella Universale.
- Fate una meditazione di purificazione dell'energia in modo che solo le energie positive costituiscano il campo del gruppo.
- Individuate e mostrate le costellazioni, le stelle e i pianeti nel cielo notturno.
- Insegnate la corretta identificazione delle navi ET rispetto alle imbarcazioni artificiali e ai fenomeni naturali del cielo e della terra.
- Insegnate il protocollo corretto per gli avvistamenti che coinvolgono le posizioni del cielo, l'uso di dispositivi di puntamento, ecc.
- Conducetee la sorveglianza del cielo e meditate. (Per la sorveglianza del cielo, alternate sorveglianza silenziosa e sorveglianza dove è permesso parlare).
- Condividere storie significative di Contatto con gli ET ad orari appropriati durante la notte.
- Pausa per le esigenze biologiche, spuntini e socializzazione.
- Fate più meditazione in alternanza con la sorveglianza del cielo.
- Chiudete il lavoro sul campo tenendovi per mano e ringraziando tutti, compresi gli ET.

Il contatto ET di James Gilliland
James non ha una lista di cose da fare. L'osservazione del cielo che avviene al ranch ECETI è casuale e divertente. Come dice James: "È la terra. Sono qui e basta". Il consiglio principale di James per aumentare gli avvistamenti: "Per stabilire un contatto, mettiti in contatto." Questo significa lavorare per guarire la vergogna, le ferite, le critiche, l'ego, l'attaccamento, l'avidità, l'ego, ecc. Al ranch il tema principale è la gioia. Coltivate i vostri "Pezzi Beati", date il benvenuto alle risate e all'amore, e puntate gli occhi al cielo.

Protocollo Avanzato del Protocollo Alieno
- Prendetevi una o due settimane di tempo per prepararvi:
- Non mangiate carne o uova.
- Non assumete droghe o alcolici (medicine e vino da cerimonia vanno bene).
- Sedetevi per due meditazioni di trenta minuti al giorno che vi colleghino all'unità e all'universo, comprendendo la vostra natura, mostrando la vostra esatta posizione e visualizzando una richiesta specifica dell'incontro che desiderate avere.
- Fate due docce rituali per cinque giorni per rimuovere le energie negative e aumentare le vibrazioni.
- Affrontate le vostre paure per tre volte meditando in un luogo buio o inquietante... affrontate la vostra paura con amore.
- Aumentate le onde cerebrali theta con cioccolato, tè all'artemisia, giochi di strategia e di parole e ascoltate i toni binaurali.
- Il lavoro sul campo si svolge in almeno due giorni, in un luogo sicuro e privato.
- Pulire il luogo con salvia o tabacco sacro bruciato.
- Come gruppo, meditare tre volte al giorno e includere Tai Chi/Saluti al Sole e intonazioni/saluti.
- Di notte, fate meditazioni, esercizi vocali, fate suoni armonici e connettetevi a tutti.
- Includete carta e penna per scrivere richieste, affermazioni, preghiere, sentimenti, impressioni di Visione Remota.
- Ci sono altri protocolli... l'Alien Protocols Group dice: "...se siete arrivati così lontano, capirete il resto...e loro capiranno il resto...vi strizzerete l'occhio!"

Il consiglio di Sixto Paz Well
Anche se non sappiamo come va generalmente un evento di contatto Rahma, abbiamo istruzioni da Sixto per descrivere ciò che ritiene sia una delle capacità più importanti da sviluppare quando si contatta un ET. Vedi "Canalizzare come un Gruppo" nella sezione Meditazioni.

RISOLUZIONE DEI PROBLEMI

Non essere all'altezza:
Se siete per lo più depressi, ansiosi, risentiti, cinici, scettici in modo ostile (un moderato scetticismo è una buona cosa!), arrabbiati, titubanti, meschini, pessimisti, ecc.... sì, avrete comunque degli avvistamenti costanti... un giorno! Per ora avete del lavoro da fare:

- Trovare un buon consigliere o un sensitivo, o trovare qualche libro di auto-aiuto, dei video o altre risorse.
- Accettate di essere responsabili della vostra vita e di creare la vostra realtà e il vostro futuro, anche se avete avuto un brutto inizio. Sì, la vita a volte può fare schifo, potreste dare la colpa a tutti gli altri e potreste essere giustificati, ma a cosa vi porterà? Mobilitatevi e mettetevi in una marcia migliore. Fate pace con voi stessi e con il luogo in cui vi trovate.

Paure:
La nostra più grande paura collettiva per il contatto con gli ET potrebbe non riguardare i rapimenti o la rappresentazione hollywoodiana degli attacchi alieni. Può essere la paura subconscia di perdere il nostro ego mentre acceleriamo la nostra vibrazione abbastanza in alto da comunicare con gli ET (vedete: il libro di Lyssa Royal Holt: *"Preparing for contact"*). Se si dà credito alle fonti canalizzate, si può stare tranquilli, perchè molte delle principali fonti affermano che non si perde la propria individualità durante l'ascesa, anche quando alla fine ci si ricongiunge con la Fonte. (Seth, Billy Fingers, gli Hathors). Indipendentemente da ciò che pensate siano le vostre paure, più farete CE-5 e più vi rilasserete e vi concentrate su ciò che volete, e non sulle vostre paure, quelle paure diminuiranno con il tempo e otterrete le esperienze che volete.

E ora una discussione molto comune sui CE-5:
"Esistono degli ET negativi?"
C'è un certo dibattito su questo nel mondo CE-5. Questo documento non ha lo scopo di darvi delle risposte, ma di instradarvi per la vostra esplorazione e per il vostro discernimento. Alcuni pensano che qualsiasi ET con la capacità e la tecnologia di attraversare il tempo e lo spazio sia anche intrinsecamente avanzato spiritualmente. Alcuni pensano che le razze "al servizio di loro stesse " siano o siano state qui e hanno causato problemi.

Superare le differenze di opinione è un grande passo nel vostro processo evolutivo. Mentre decidete in cosa credete, fate attenzione a non calpestare le convinzioni altrui. Le persone giungono alle proprie conclusioni per motivi giustificati. Ogni persona è unica, con le proprie personalità, storie, fattori scatenanti, paure, desideri, sistemi di credenze precedenti e realtà. Sì, sì, probabilmente avete ragione. E se avete davvero ragione, e volete ostentare quel distintivo di integrità spirituale accanto al vostro pulsante "HO RAGIONE", dovete rilassarvi e permettere agli altri di operare a partire dalla propria realtà. (Aspettate un secondo, era una trappola dell'ego spirituale?) La realtà ultima non ha molto a che fare con fatti solidi e immutabili. Ogni persona è il suo universo, e l'essenza della sua vita risiede più nella sua prospettiva e nel suo atteggiamento che nelle sue parole o nelle sue creazioni materiali. Ricapitolando semplicemente: se pensi che qualcun altro sia "nel torto perché è nel torto" sei... nel torto. Accidenti!

Indipendentemente dal fatto che pensiate che gli ET negativi esistano, possiamo assicurarvi che il CE-5 è un luogo sicuro. **Non abbiamo sentito parlare di una sola esperienza negativa con un ET che sia il risultato di un CE-5.** "Noi" è un numero elevato. Decine di persone hanno contribuito a questo manuale, con decenni di esperienza combinata in una rete di migliaia. Se fosse successo, ne avremmo sentito parlare. Le persone del CE-5 amano parlare. (Certo, ci sono state storie raccontate da persone del CE-5 che hanno avuto esperienze negative con... altre persone del CE-5!) Tornando all'argomento, crediamo che bisogna coltivare lo spazio del cuore in modo amorevole per poter fare questo lavoro ed escludere gli ET negativi... se esistono.

"Ok, allora, cerchiamo di essere chiari. C'è qualche possibilità che io venga rapito?"
No, se si utilizza un qualsiasi tipo di protocollo CE-5. Al di fuori del CE-5, hai meno di cui preoccuparti ora rispetto agli anni precedenti. Le segnalazioni di rapimento sono diminuite.

Facciamo un viaggio a parte e analizziamo rapidamente quali potrebbero essere i rapimenti, dato che è un'area di preoccupazione molto diffusa. Alcuni ritengono che gli ET che hanno partecipato ai rapimenti fossero scienziati benevoli, che lavoravano con il nostro DNA per proteggere il nostro lignaggio e che il processo non era inteso a spaventarci. Pensano che quelli di noi che hanno subito un rapimento e che sono stati in grado di conservare i ricordi ricordino l'evento come un bambino ricorderebbe di aver fatto una procedura medica che era contro la sua volontà ma benefica a lungo termine. Altri credono che i rapimenti siano stati un progetto privo di compassione, in cui il DNA umano è stato raccolto per l'ibridazione di una specie aliena o per altri scopi egoistici. Indipendentemente dal campo in cui ci si trova, è ormai opinione di quasi tutti che i rapimenti che avvengono di questi tempi siano di natura militare-industriale-complessa-teatrale, con lo scopo di spaventare il pubblico e diffamare tutti gli ET. Ma, anche in questo caso, quando è stata l'ultima volta che avete sentito parlare di un rapimento? Forse il budget dell'esercito per spaventarci si sta riducendo. Qualunque cosa fossero, il periodo di massimo splendore dei rapimenti è finito.

"Quindi non devo preoccuparmi? Sono ancora preoccupato. Convincetemi".
Beh, forse dovresti essere un po' più cauto sulle entità negative.

"Hai appena detto entità negative? COSA?!?"
Non ti allarmare. Cos'è un'entità negativa? Se questo sottoinsieme della vita esistesse, un'entità negativa potrebbe essere: un fantasma, uno spirito, un essere interdimensionale, delle forme di pensiero negativo, una cattiva vibrazione, ecc. Può sembrare spaventoso, ma se sei una brava persona e ti senti generalmente bene per la maggior parte del tempo, sei coperto. Ho esplorato l'argomento con un canale fidato. Le sue guide hanno detto che al giorno d'oggi le entità negative sono per la maggior parte relativamente innocue, perché l'umanità ha aumentato la scala vibratoria. Nei giorni passati, le possessioni "demoniache" e gli effetti perturbanti delle entità negative erano più comuni. Le entità negative sono attratte da noi perché siamo una potente forza fisica in grado di equilibrarle e di aiutarle a uscire dalla loro inerzia impotente. Sono parassitarie più di ogni altra cosa, e attingono alla nostra energia. Ha detto che sono abbondanti, e di ricordare che anche il nostro ambiente è pieno di entità positive. Se si vibra forte, non si notano nemmeno questi fastidi. Se si vuole eliminare qualche entità attaccata, la salvia o l'erba dolce sono efficaci per via delle proprietà dense e neutralizzanti del fumo. Oppure, fate una radura come quella che James Gilliland ha fornito nella sezione di meditazione. Assicuratevi di capire la sottile differenza tra la semantica del "proteggere" voi stessi e quella della "guarigione". Uno ti posiziona come vittima. L'altro ti posiziona come un vincitore. Le entità negative

sono potenti solo quanto tu lasci che lo siano. Come fai a sapere se potresti aver attirato uno di questi esseri irritanti? Lo si può capire dal modo in cui ti senti e dal tuo comportamento. Anche se non credi nelle entità negative, se ti comporti da idiota e ti senti uno schifo, o ti senti veramente triste, spaventato o stanco, forse dovresti fare qualcosa a riguardo!

"Sono bloccato sulla cosa dell'ET negativo"

Nessun problema, abbiamo molti nel nostro gruppo che credono che esistano degli ET negativi, quindi abbiamo esplorato a fondo questo settore di preoccupazione. Cercheremo di calmarvi con queste teorie:

- Alcune storie di origine e canalizzazione suggeriscono che il processo di divulgazione è uno dei modi in cui i pianeti si evolvono. Potreste far parte di un equipaggio spirituale che va da un pianeta oscuro all'altro, sollevando coloro che vivono sotto la tirannia aiutandoli a entrare in contatto con altre civiltà dallo spazio. I CE-5 e la rivelazione possono essere un processo sacro di elevazione planetaria che ha un sostegno universale e non può essere preso in giro da esseri malvagi.

- Secondo la teoria "Il CE-5 è sacro", è molto probabile che una federazione galattica composta da rappresentanti di civiltà molto avanzate collabori per limitare le razze ET con un programma ostile quando infrangono la Legge Universale. Tutti noi abbiamo diritto al libero arbitrio, compresa la partecipazione alla vita come carnefici e vittime. Tuttavia, molti credono che la corruzione su questo pianeta sia andata troppo oltre. La Terra ha bisogno di aiuto. Così, quando gli esseri "al servizio di sé stessi" superano il limite, legioni di esseri "al servizio degli altri" portano assistenza.

- Sostenendo queste teorie, e in linea con la riduzione dei rapimenti segnalati, diversi canali dicono che tutti gli ET negativi che esistono là fuori sono stati sfrattati e scomunicati dalla Terra in qualche momento negli anni Novanta.

- Dimentichiamo le teorie e guardiamo la cosa dal punto di vista della legge di attrazione. Le persone che sono attratte dal contatto stanno già vibrando ad alto livello e il contatto con esseri con una vibrazione più bassa semplicemente non corrisponde. Pensateci: chiunque voglia sembrare un pazzo e provare il CE-5 dimostra un livello di impavidità di prim'ordine.

- Infine, in un gruppo di persone, il livello di contatto è generalmente limitato al "minimo comune denominatore". Per esempio, se una persona è pronta a un contatto diretto faccia a faccia, ma il resto del gruppo non lo è, allora non succede. Pensate a questo al contrario. Se una persona ha una vibrazione molto più bassa di un gruppo di persone felici, il potere delle persone più felici pareggia le cose ed esclude la possibilità di interagire con un ET cazzuto o un'entità negativa.

In definitiva, devi prendere una decisione su quale sarà la tua realtà. La vita è un enorme buffet di contrasti per una buona ragione: per poter scegliere. Accettate che la negatività di ogni tipo è una parte della vita da cui impariamo per poter creare la realtà che vogliamo. Questo è il vostro spettacolo! Prendetevi cura di voi stessi e della vostra crescita, fatevi uno spazio sicuro se non vi sentite bene e frequentate persone positive, felici e gentili. Soprattutto, fidatevi dei vostri sensi. Sentite l'atmosfera di ogni situazione che vi si presenta. Saprete se voltarvi da essa o verso di essa. Ce la puoi fare.

"Ho ancora paura"

Non forzarlo. Andate a vedere "Non è all'altezza", il primo segmento di questa sezione.

> Consiglio: se date credito alle canalizzazione, usate il vostro senso di discernimento per assicurarvi di stare ricevendo buone informazioni … alcune canalizzazioni sono vulnerabili alle cattive interferenze o semplicemente non sono chiaramente ricevute.

UN AVVISTAMENTO IN SEI USCITE

Crediamo che se ci si concentra sui tre ingredienti chiave:

1. La connessione con la consapevolezza di una sola mente
2. **Un cuore sincero**
3. Un'intenzione chiara

Avrete un avvistamento entro sei uscite.

Se riesci a uscire con poche altre persone, tanto meglio. Provate alcuni dei suggerimenti del libro. Non avete bisogno di puntatori laser o scanner radar, ma solo di voi sotto le stelle.

Quando avrete ottenuto i vostri avvistamenti, condivideteli! Quello che avete visto, esperienze interiori, qual è stato il vostro processo... Andate su ETLet'sTalk o su una pagina di gruppo di Facebook e parlate!

- ETLet'sTalk: http://etletstalk.com/
- L'iniziativa CE-5: https://www.facebook.com/groups/205824492783376/
- CE-5, UFO, SIRIUS: ETLetsTalk.com: https://www.facebook.com/groups/1593375944256413/
- Missione globale universale CE-5: https://www.facebook.com/groups/1827858540868714/

Se avete seguito le istruzioni di questo manuale, e non avete ricevuto un avvistamento in sei uscite, inviateci un'e-mail. Cercheremo di capire cosa faccia resistenza per voi.

    calgaryce5@gmail.com

Come dice James Gilliland, "Il contatto inizia dall'interno". Ci auguriamo che questo manuale vi ispiri ad agire e ad espandere il vostro io interiore.

Avvistamenti UFO negli anni: 1910 - 2010

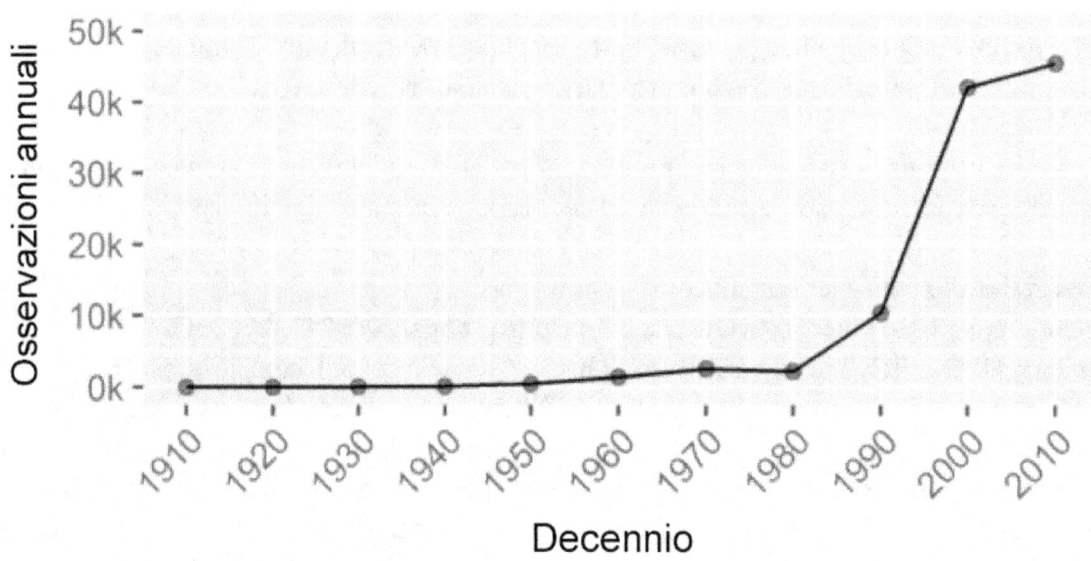

Dati raccolti dal Centro Nazionale per la registrazione degli UFO
Compilato da: Sam Montford

TERZA PARTE:

OPINIONI EDITORIALI/ APPENDICE

FALSI ALLARMI

Se siete scettici e siete arrivati fin qui, vi raccomandiamo la vostra capacità di tollerare le prospettive diverse. Qualunque sia la realtà finale, dimostrate un livello di evoluzione che crediamo contribuirà agli avvistamenti! Ora... mettiamovi alla prova.

Un "falso allarme" è un atto terroristico che viene perpetrato sui propri cittadini per unirli contro un nemico esterno e distrarli dalla vera minaccia, che in realtà proviene dall'interno della patria.

Werner Von Braun era un ingegnere aerospaziale tedesco che fu portato negli Stati Uniti dopo la Seconda guerra mondiale come parte dell'operazione *Paperclip*. La sua assistente descrive gli avvertimenti che le fece su un falso allarme di proporzioni epiche:

> "La cosa più interessante per me era una frase ripetitiva che mi disse più e più volte durante i circa quattro anni in cui ebbi l'opportunità di lavorare con lui. Diceva che la strategia che veniva usata per educare il pubblico e i responsabili delle decisioni era quella di usare tattiche di paura... prima i russi saranno considerati il nemico. Infatti, nel 1974, erano loro il nemico, il nemico identificato... Poi sarebbero stati i terroristi il nemico, e questo sarebbe accaduto poco dopo. Abbiamo sentito parlare molto di terrorismo. Poi avremmo identificato i "pazzi" del terzo mondo. Ora le chiamiamo Nazioni di Preoccupazione... Il nemico successivo sarebbero stati gli asteroidi. Ora, a questo punto, si è messo a ridacchiare la prima volta che l'ha detto "Asteroidi - contro gli asteroidi costruiremo armi spaziali". E quella più divertente di tutte fu la "minaccia" di coloro che chiamò alieni, extraterrestri. Quello sarebbe stato lo spavento finale. E più e più e più volte, durante i quattro anni in cui lo conoscevo e tenevo discorsi per lui, tirava fuori quell'ultima carta. "E ricordati Carol, l'ultima carta è quella degli alieni. Dovremo costruire armi spaziali contro gli alieni, e tutto questo è una menzogna""
>
> —Carol Rosin

Il Dr. Greer ha anche ricevuto informazioni privilegiate sulla possibilità che il Complesso Militare Industriale abbia finto un "Invasione Aliena" per fortificare il potere e giustificare la loro esistenza.

Sostenendo una possibilità parallela, simile, Barbara Marciniak ha fatto una canalizzazione circa un tempo previsto in cui una razza di ET prenderà il sopravvento come nostri nuovi leader e che noi, nella nostra follia, li venereremo come dei.

Fortunatamente per noi, la mera esistenza del documentario *Unacknowledged* fa ora una seria ammaccatura in una di queste due possibilità nefaste. Se una farsa come una di queste inizia a girare, non ci vorrà molto lavoro perché la gente condivida il documentario con i propri cari per dare alla comunità la possibilità di conoscere. Questo, e, inoltre, i gruppi CE-5 di tutto il mondo possono contattare i media locali e fornire la prova della loro esperienza di comunicazione con esseri benevoli. Potreste voler registrare il vostro processo, raccogliere filmati e conservare i rapporti delle guarigioni proprio a questo scopo.

> Dal 2001, Carol Rosin è stata coinvolta nell'attivismo politico per fermare l'armamento dello spazio. Carol ha portato avanti il Trattato sulla Prevenzione del Piazzamento di Armi nello Spazio Profondo. Il miglior contributo che puoi dare è una lettera scritta a modo tuo, che poi viene inviata ai Capi di governo. Per maggiori informazioni: http://peaceinspace.com.

VENERDÌ

Un collega di Alberta e leader di CE-5, Charles Brygdes, dice che ogni settimana pensa: "Forse questo è il venerdì in cui avviene la rivelazione!" Si concentra su questo giorno perché Richard Dolan, ricercatore UFO, ha proposto che la rivelazione avverrà in un giorno in cui il mercato azionario può essere chiuso per qualche giorno, mentre il mondo è sotto shock (e si spera si stabilizzi un po'). La rivelazione può avere effetti scomodi o impegnativi. Per questo motivo, i governi di tutto il mondo stanno lentamente facendo trapelare documenti per aiutarci ad abituarci al nuovo paradigma.

"Quando avverrà la rivelazione?

Questa è una buona domanda. Richard Dolan ha detto che c'è il 90% di probabilità che si verifichi entro vent'anni e che la sua previsione è conservatrice. (La sua citazione è del 2016, quindi calcola fino al 2036.) Bashar, come incanalato tramite Daryl Anka, prevede che sarà tra il 2030 e il 2033. Bashar non fa previsioni spesso o con leggerezza, e ha previsto l'11 settembre in modo esatto fino all'anno. Questa congettura, naturalmente, è relativa alle nostre azioni personali. Come contribuirete alla rivelazione?

"Che ne sarà di "loro" - e se "loro" non permetteranno che la divulgazione avvenga?

Sappiamo che i criminali che attualmente detengono il potere che guida il mondo stanno cercando di reprimere la rivelazione per sostenere questa opprimente tirannia del lavoro degli schiavi. Come sappiamo che non ci riusciranno con i loro falsi allarmi e le loro macchinazioni?

Lasciamo che sia la storia di Bill Brockbrader a dare la risposta. Bill era uno specialista militare segreto di alto livello che ha pilotato missili Tomahawk in piccoli villaggi dell'Afghanistan durante il periodo non bellico. Bill si rese conto che quello che stava facendo era sbagliato e alla fine si tirò fuori dal servizio. Poi divenne membro di Anonymous. Anche Edward Snowden, il famoso ex-calcolatore della CIA che ci ha detto la verità sulla NSA, faceva parte della stessa cellula di Anonymous. Edward aveva bisogno di un'esca, perché quando nel mondo esterno succede qualcosa che allerta le agenzie di intelligence, la sicurezza interna crolla. Nella cellula Anonymous tutti dicevano: "Ovviamente, l'esca deve essere Bill - lui ha la storia migliore." Così Bill si fece avanti. Quando Bill fece la sua intervista con Kerry Cassidy, esponendo questi crimini di guerra, Edward tirò fuori terabyte di dati e li inserì in un manicomio. (Grazie Russia!) Bill fu sequestrato, condannato a una pena detentiva e poi, quando venne rilasciato, si diede alla clandestinità. La sua storia è davvero eroica. Ora che avete un'idea di chi sia Bill, ecco la parte succosa (come se tutto questo non fosse abbastanza succoso?): Quando Bill lavorava per l'esercito, gli chiesero di fare un progetto secondario per via della sua alta intelligenza e delle sue capacità psichiche. Gli fu chiesto di dare un'occhiata al Progetto *Looking Glass*, che era un dispositivo che il MIC aveva usato in precedenza per predire il futuro. Gli chiesero: "Quale linea temporale vincerà?" Bill esaminò i dati e deide loro la risposta: Tutte le potenziali linee temporali sono collassate in un'unica linea temporale; ora esiste un solo risultato. Il resto di ciò che accadrà qui sulla Terra è come il gioco finale degli scacchi dove il perdente, invece di rassegnarsi a una perdita confermata con dignità, si affanna a prolungare il suo regno. Allarme spoiler: i buoni vincono.

Posso garantire personalmente per l'instancabile compagna di Bill, Eva Moore, una connazionale canadese, che è un'informatrice e attivista a pieno titolo. La conosco da molti anni ed è una delle donne più serie, coraggiose e forti che conosca.

Che sia questo venerdì o 982 venerdì da oggi, la rivelazione avverrà!

ENERGIA GRATUITA

C'è un'ottima video-intervista su YouTube a Daryl Anka sull'Ascensione e il Nuovo Ordine Mondiale (https://www.youtube.com/watch?v=vRtbvXp3wkw). Qui c'è un riassunto con alcuni dei nostri pensieri aggiuntivi:

- Nessuno ti tiene sotto controllo.

- Una volta che ti rendi conto del tuo potere e aumenti la tua frequenza, le tue manifestazioni più desiderate avverranno. (O, se la si guarda in un altro modo, cambiando le frequenze ci si sposta in un universo parallelo migliorato).

- Fondamentalmente, tutto ciò contro cui combattiamo lo ancoriamo alla nostra realtà.

- Più ci concentriamo su ciò che non vogliamo, più ne facciamo esperienza.

- Perché le cose cambino, dobbiamo PREFERIRE una realtà piuttosto che averne bisogno.

- Quando vogliamo disperatamente qualcosa, questa continua ad allontanarsi da noi e noi continuiamo a inseguirla.

- Non c'è nessuno che "nasconde" l'energia libera da noi. Non abbiamo bisogno di rivelazione per arrivare all'energia pulita. Molte persone hanno creato dispositivi di energia pulita. Alcune persone hanno i loro dispositivi confiscati, i laboratori sono stati bruciati o sono stati uccisi. Alcuni hanno creato energia libera e non hanno visto fermati i loro metodi. (Qualcuno nel nostro gruppo ha visto una dimostrazione di energia libera in Quebec di Daniel Pomerleau. Nessuno è stato in grado di capirla o riprodurla fino ad oggi! Pensiamo che possa usare il suo campo energetico o la sua tecnologia della coscienza come catalizzatore, e questo potrebbe essere il motivo per cui il suo dispositivo non è stato preso). Confiscati o meno, i nostri scienziati riceveranno l'ispirazione per crearli di nuovo, così come l'intuizione corretta che ci guiderà a come farlo in modo sicuro. Quando saremo in sintonia con la Sorgente, le idee giuste arriveranno al momento giusto.

- La paura attira verso di sé ciò che non si vuole come una calamita, ma un po' di cautela è una buona cosa. Ecco cosa abbiamo sentito dire sullo sviluppo sicuro dell'energia libera. Una volta acceso un dispositivo di energia libera, la tecnologia di scansione può localizzare dove viene creata quell'energia. E, grazie a Edward Snowden, sappiamo che "loro" sono in grado di tracciare ogni azione digitale che si compie. A quanto pare, non importa nemmeno se il vostro telefono è spento. Abbiamo anche sentito dire che ci sono telecamere satellitari che possono zoomare in diretta nel tuo quartiere. È un po' un rompicapo da risolvere, ma può essere e sarà risolto in modo creativo.

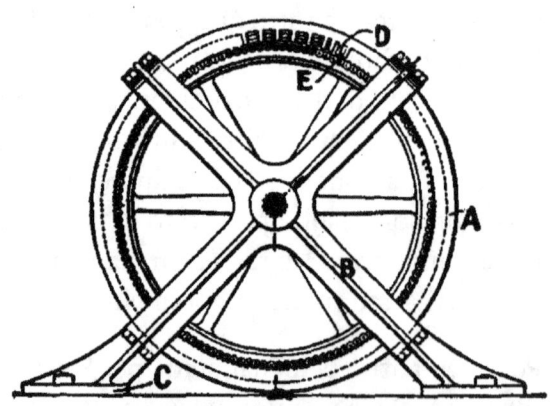

Alternatore da 10.000 cicli p.s. capacità 10 K.W., che è stato impiegato da Tesla nella sua prima dimostrazione dei Fenomeni ad Alta Frequenza davanti all'Istituto Americano degli Ingegneri Elettrici al Columbia College, 20 Maggio, 1891. Fig.1..

CAMBIARE IL MONDO

Non c'è bisogno di salvare il mondo. Non abbiamo bisogno di rivelare nulla. Siamo qui per crescere. La terra potrebbe frantumarsi in un milione di pezzi e, per quanto tragico possa essere, alla fine andrebbe bene. Forse c'è un mondo parallelo dove questo è già successo. Forse ci sono terre dove l'età dell'oro è già in pieno vigore. (Come siamo rimasti bloccati qui?) Questo allenta la pressione, no? Siamo eterni ed esploriamo e siamo in ogni realtà, in ogni risultato.

Che ne è dell'umanità edificante? Dare voi stessi è un sottoprodotto della vostra espansione. È una bella sensazione. Così, mentre ci espandiamo, siamo costretti a dare di più. È un impulso naturale e il risultato della vostra evoluzione. Man mano che vi espandete, capirete che siamo tutti uno e che un'ingiustizia fatta a uno è un'ingiustizia fatta a tutti. Capirete di essere davvero tutti e tutto. È un paradosso divertente perché, anche se comincerete ad agire in modo compulsivo per conto di tutti, vi renderete conto che non dovete preoccuparvi degli altri "voi" nel loro viaggio, né dell'esito di tutto questo. Ognuno ha ancora il suo libero arbitrio. Non si può controllare nessuno. Concentratevi su voi stessi, godetevi il tutto, e alla fine tutto risulterà perfetto, anche se non è così.

Qualunque cosa facciate, non inveite contro ciò che non volete. Il giudizio lega alla vostra realtà ciò che odiate. La chiave per arrivare al punto in cui si vuole arrivare è di Preferire anzichè Necessitare. Così, quando pensi alla Federal Reserve, alla tirannia criminale e alla schiavitù che hanno così magistralmente manipolato, devi dirti semplicemente: "Preferisco... (inserisci qui la tua preferenza)". Tuttavia, se provi angoscia nei confronti di quel sindacato, dai via il tuo potere. E forse salterai anche a qualche realtà parallela dove l'Islanda non ha già cacciato i loro culi dal loro paese (sì, l'hanno fatto, e anche noi possiamo!). Come dice l'adagio: Ciò che temete di più è attirato verso di voi come una calamita. Bleah.

Cosa fare? Prendete un'azione ispirata - fate quello che vi eccita! Realizzate che siamo tutti una cosa sola, e quando volete il potere, la libertà o la sovranità per voi stessi, agite per conto di tutti nello spirito dell'amore e ci arriveremo tutti insieme e rivendicheremo tutto ciò che è stato nostro per tutto questo tempo. Svolgete il ruolo che volete in questo tempo emozionante e soprattutto godetevi il processo. La vita è fatta per essere DIVERTENTE!

Vogliamo condividere con voi la nostra preferenza: che facciate tutto ciò che vi sentite chiamati a fare, e che percorriate quel cammino nonostante la paura, ignorando le opinioni di tutti gli altri, compreso ciò che vi vendiamo sulla nostra scatola di sapone. Tuttavia, avete preso in mano questo documento. Quindi, pensiamo che potreste voler far parte della visione che possiamo chiaramente vedere per il nostro futuro. Ci piacerebbe molto se faceste del CE-5 una parte della vostra vita, perché #1, sappiamo in prima persona quanto sia divertente, e #2, sarebbe fantastico se più persone diffondessero la consapevolezza che gli ET sono reali a tutti i nostri cari, con una testimonianza personale di prima mano come prova.

Non abbiamo bisogno che la rivelazione avvenga più velocemente, ma sarebbe sicuramente bello, no? Facciamo parte di una realtà in cui la rivelazione avviene prima o poi, e tutti noi possiamo sperimentare l'abbondanza che ci meritiamo.

"THE PEOPLE'S DISCLOSURE MOVEMENT"
(Il movimento popolare per rivelare la verità sugli UFO)

Come possiamo aiutare la rivelazione? *The People's Disclosure Movement* è un'iniziativa organizzata da un gruppo di persone che hanno compreso il potere del contributo dell'uomo comune e ne hanno dato voce nella forma. Kosta Makreas ha fondato questo movimento nell'ottobre 2010. Il movimento ha mobilitato migliaia di persone in tutto il mondo. Ha trasformato le persone da "credenti" in "conoscitori". Ha fatto sì che la gente si riprendesse il potere dalle autorità. Parte di questo movimento è "L'iniziativa globale CE-5" anche conosciuta come "ETLet'sTalk" che ha messo in campo mensilmente i team di Contatto ET fin dalla sua nascita nel 2010. È possibile aggregarsi a questa bella comunità di persone registrandosi all'indirizzo http://etletstalk.com/.

Siete parte integrante e influente della divulgazione. L'argomento UFO può essere un argomento scottante. Vi agiterete molto se andrete in giro a "convincere" la gente della vostra verità. Non preoccupatevi, è una perdita di tempo. Da una prospettiva basata su una legge universale, ancorerete comunque quelle persone e questa realtà a voi - qualsiasi cosa combattiate, nel combatterla v'intrappolate.

Quello che potete fare è diventare un ambasciatore dell'umanità. Ed è facile:

- Organizzate un incontro CE-5 ogni mese.
- Quando la tua famiglia, gli amici e i colleghi ti chiedono cosa hai fatto nel fine settimana, diglielo. Quando pratichi il CE-5 regolarmente, hai sempre qualche tipo di notizia sugli UFO da condividere.
- Condividete liberamente chi siete e quali sono le vostre passioni. Spesso dico alle persone quando le incontro per la prima volta che sono una fanatica di UFO.

Questo è tutto! Come funziona? Prima di tutto mettete le parole UFO, ET, CE-5 ecc. nel gergo quotidiano della vostra coscienza nel suo complesso. Ogni menzione casuale legittima il movimento.

In secondo luogo, la tua storia è importante. Per la persona media, quando presenti la tua storia e non fai proselitismo, questa è allettante e interessante. La maggior parte delle persone crede che non siamo soli nell'universo. In numero minore (ma in qualche modo più forte) sono gli scettici, che non si convincono nemmeno di fronte ai documenti inconfutabili che i governi stanno rilasciando. Tuttavia, quando si dice di aver visto una luce inspiegabile nel cielo che si muoveva in un modo in cui nessun altro mestiere umano convenzionale poteva muoversi, con altri testimoni, e non era in alto, si verifica una linea di faglia nella loro realtà. È una crepa che si muove lentamente, ma questi semi piantati sono importanti.

Come Kosta è stato ispirato per avviare *The People's Disclosure Movement* e la conseguente rete *ETLet'sTalk*:

"Nel luglio del 2010, dopo quasi 4 anni di immersione nella formazione CE-5 con un sacco di Contatti ET di successo, sapevo che c'erano centinaia, forse migliaia di persone come me in tutto il mondo che facevano lo stesso.

Ho avuto un'ispirazione: perché non collegare tutti noi in una comunità coerente? Forse questo avrebbe dato sinergia ai nostri sforzi. Ho chiesto alla mia guida spirituale se valesse la pena di "organizzare" così tante persone su questa scala."

Ero sorpreso di ricevere una comunicazione telepatica da ciò che allora riconoscevo come fonte di ET:

'Creare il maggior numero possibile di squadre di contatto, in quanti più luoghi possibile, il più presto possibile'.

...mi sono venute in mente le parole.

"Che cosa otterrò?", chiesi.

"Come sempre più umani chiedono di vederci nei cieli, più questo ci darà il permesso e l'opportunità di apparire in molti altri luoghi in tutto il mondo. Questo si tradurrà in un numero ancora maggiore di esseri umani che ci vedranno... che poi chiederanno su scala più grande di vederci. Questo ci permetterà di apparire in molti più luoghi, e così via. Noi lo chiamiamo "circolo virtuoso". Un giorno le prove della nostra presenza nei cieli del vostro mondo saranno troppo schiaccianti per essere negate".

"Sono rimasto sorpreso da questa informazione, eppure molto, molto felice. La loro richiesta era semplice, chiara e diretta".

Il Dr. Greer incoraggia la stessa cosa. La rivelazione non subisce più il controllo dei governi o dei cartelli. Sta già accadendo e sta a noi liberarci. Greer ispira ciascuno di noi all'azione con un detto che è stato inculcato negli studenti della scuola di medicina:

"Imparare uno, fare uno, insegnare uno".

Uniamo le nostre voci a questo coro in un invito a voi: formare una squadra e insegnare agli altri a formare le proprie squadre. Fate parte di uno dei più grandi ed entusiasmanti movimenti che contribuiranno a portare la pace su questo pianeta.

ATTENZIONE ALLA DIVISIONE

Siamo tutti una cosa sola. Quando condanniamo qualcuno, facciamo del male a noi stessi.

Quando sentite qualcuno criticare un altro, ricordatevi che ogni attacco è una richiesta di aiuto. Perdonate l'aggressore. Dite qualcosa di edificante sulla persona che è stata criticata. Concentrate l'attenzione sulla guarigione dell'aggressore. Di cosa hanno bisogno? La maggior parte delle persone vuole solo amore. Amateli.

Man mano che crescerete nella vostra illuminazione, amerete tutti. Anche Hitler. Questo perché, man mano che ci evolviamo, diventiamo più inclusivi e meno esclusivi. Comprendiamo meglio anche la realtà ultima: che entriamo in questa forma e ci facciamo cose orribili l'un l'altro, sapendo che alla fine il risultato è assicurato ed è stato tutto un gioco per noi sperimentare chi siamo veramente. Noi siamo l'Amore. Chi può dire che il vostro peggior nemico non sia il vostro più prezioso amante che svolge perfettamente il suo ruolo in questa vita?

Pensi che qualcuno sia stupido, malvagio, o anche un agente dis-informante? Benediteli, poi ignorateli. Lasciate che conducano la loro vita da matti. Credete di non aver mai avuto una vita passata in cui non siete stati altrettanto evoluti?
È garantito che tutti noi abbiamo fatto cose atroci nelle vite passate molto tempo fa. Cose orribili che se ne avessimo la consapevolezza non dormiremmo per il resto dei nostri giorni.

Ogni volta che qualcuno condanna qualcun altro, il contatto si allontana. Questo vale per tutti. A chi hai fatto un torto? A tua madre, a tuo fratello o a un tuo ex amante? Wow, abbiamo tutti un lavoro da fare!

"Per avere un contatto abbiamo bisogno di essere molto più coesi e di smettere di litigare... rifiutarsi ti alzare le nostre vibrazioni è la decisione da fare per non avere un contatto con una civiltà che vibrà molto più di noi.
- Daryl Anka/Bashar

"Se non ci uniano nelle nostre somiglianze, ci dissolveremo nelle nostre differenze"
            - Samoiya Shelley Yates

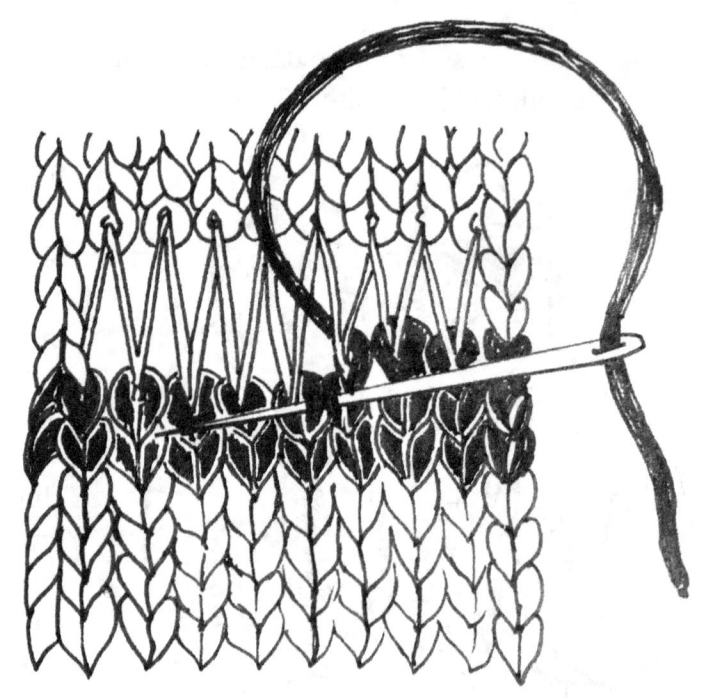

COME DISTRUGGERE UN MOVIMENTO

Se la popolazione in generale si rende conto che l'energia libera esiste, i sistemi energetici, finanziari ed economici si sgretoleranno. Quelli attualmente al potere usano molte strade per mantenere la loro prosperità e il loro controllo. Agenzie come il *Joint Threat Research Intelligence Group* (JTRIG) gestiscono programmi per rovinare le reputazioni, offuscare la verità e distruggere i movimenti. Hanno motti come: "Le 4 D: Diniego, Disturbo, Degrado e Dirottamento".

Alcune delle loro tecniche:

- "Tra i principali metodi auto-identificati del JTRIG ci sono due tattiche: (1) inserire ogni sorta di materiale falso su Internet per distruggere la reputazione dei suoi obiettivi; e (2) usare le scienze sociali e altre tecniche per manipolare il discorso e l'attivismo online per generare risultati che considera auspicabili".
- "Trappole al miele" (adescando le persone in situazioni compromettenti con l'uso del sesso).
- "Operazioni di falso allarme" (pubblicare materiale su Internet e attribuirlo falsamente a qualcun altro).
- Post sul blog delle false vittime (fingendo di essere una vittima dell'individuo di cui si vuole distruggere la reputazione) e pubblicando "informazioni negative" su vari forum.

Date un'occhiata a questa diapositiva, parte del materiale didattico per insegnare agli agenti a "giocare" con i risultati. Crediamo che il mondo CE-5 sia già stato preso di mira. Per mantenere forte questo movimento, dobbiamo concentrarci sulla nostra ideologia condivisa, sulle nostre convinzioni comuni, e coalizzarci contro coloro che non vogliono la libertà per tutti.

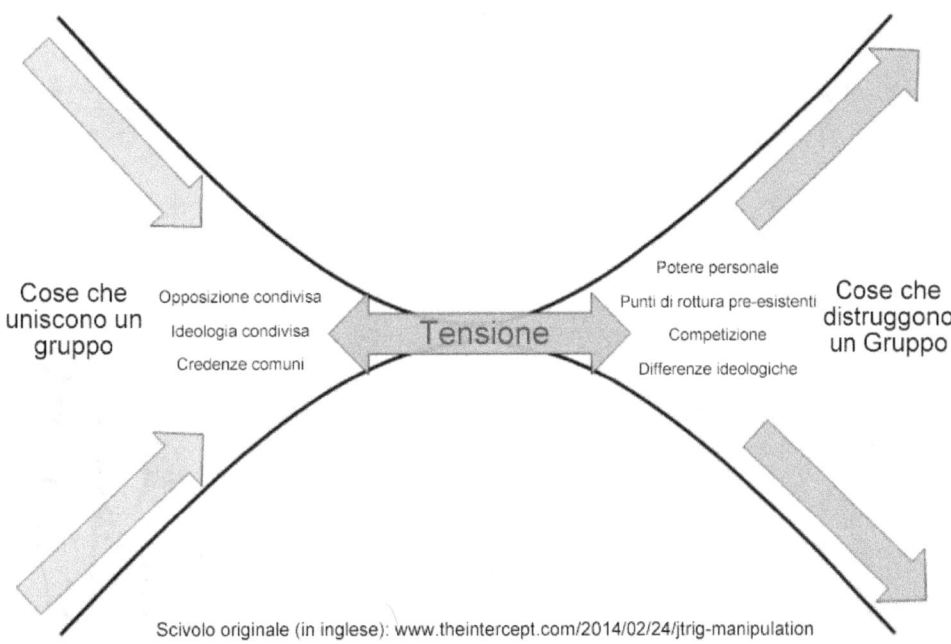

Scivolo originale (in inglese): www.theintercept.com/2014/02/24/jtrig-manipulation

IL FUTURO

Vi lascio con una breve storia su mio figlio di 7 anni che è stato presentato agli ET. Eravamo nel Parco Nazionale di Banff, riuniti per andare a guardare le stelle per la prima volta insieme. Stavamo guardando la Via Lattea e lui adorava il puntatore laser. Diceva che era come una spada laser che va per sempre nello spazio. Vidi una stella cadente (o streaker) e gli indicai dove si trovava. Non aveva mai visto una stella cadente prima d'ora e speravo che ne vedesse un'altra quella notte, ma ho pensato: come farà a vederne una quando passeranno così velocemente? Alla sua età ci vuole molto tempo per filtrare le informazioni dal mondo e una piccola luce veloce come quella sarebbe molto difficile da catturare. Mentre guardavamo le costellazioni, gli ho detto che anche noi cerchiamo gli UFO, e che assomigliano ai flash delle macchine fotografiche. Lui si è molto eccitato e ha detto "Ciao alieni!" al cielo e poi non un attimo dopo ho visto un *flashbulb*! Con il puntatore laser, ho girato intorno al punto in cui era apparso il flash e quando si è concentrato su quel punto ne abbiamo visti entrambi circa 5 o 6 in rapida successione. Eravamo così eccitati, urlando e ridendo e gridando al buio. Lui mi chiese se fosse questo quello che facevo e io risposi: "Sì". Disse che non sapeva che era così divertente. Abbiamo detto: "Grazie" e abbiamo continuato a indicare le costellazioni. Quando si fece più freddo, ci preparammo ad andare e io dissi: "Ciao a tutti!" al cielo. Lui alzò lo sguardo, salutò con la mano e disse "Ciao!" Immediatamente, un altro grosso flash! Con la sua capacità, ancora in fase di sviluppo, di catturare un flash così veloce, non se n'è accorto, ma non appena gli ho fatto notare dove si trovava, è passata una stella cadente. La sua prima stella cadente. (O streaker!) Ho esaudito il mio desiderio per lui. Ha espresso un desiderio per sé stesso, e siamo entrati.

Immaginate il mondo che stiamo contribuendo a creare per i nostri figli, loro sono già pronti a riceverlo.

Con amore per tutti voi,

Cielia e il Gruppo CE-5 di Calgary

CE-5 MODELLI DI DIARIO

Utilizzate i modelli nelle pagine seguenti per tenere traccia del vostro lavoro sul campo. Se avete soddisfatto i tre elementi chiave (1. Connessione alla Coscienza di una Mente, 2. Un Cuore sincero, 3. Intenzione chiara) crediamo che avrete avuto almeno un avvistamento nel momento in cui avrete riempito tutti e sei i modelli.

CE-5 Diario 1
Data: _____
Luogo: _____
Ora d'Inizio/Fine: _____

IPartecipano:
_____
_____

Cose da Fare:

_____	_____
_____	_____
_____	_____
_____	_____
_____	_____
_____	_____
_____	_____
_____	_____

Esperienze Int./Est. o Avvistamenti:
_____
_____
_____
_____
_____
_____
_____
_____
_____
_____
_____
_____
_____
_____
_____
_____
_____
_____
_____
_____
_____
_____
_____

CE-5 Diario 2
Data: _____
Luogo: _____
Ora d'Inizio/Fine: _____

Partecipano:
_____
_____

Cose da Fare:

Esperienze Int./Est. o Avvistamenti:

CE-5 Diario 3
Data: _____
Luogo: _____
Ora d'Inizio/Fine: _____

Partecipano:
_____
_____

Cose da Fare:
_____   _____
_____   _____
_____   _____
_____   _____
_____   _____
_____   _____
_____   _____

Esperienze Int./Est. o Avvistamenti:
_____
_____
_____
_____
_____
_____
_____
_____
_____
_____
_____
_____
_____
_____
_____
_____
_____
_____
_____
_____
_____
_____
_____
_____

CE-5 Diario 4
Data: _____
Luogo: _____
Ora d'Inizio/Fine: _____

Partecipano:
_____
_____

Cose da Fare:

Esperienze Int./Est. o Avvistamenti:

CE-5 Diario 5
Data: _____
Luogo: _____
Ora d'Inizio/Fine: _____

Partecipano:
_____
_____

Cose da Fare:

Esperienze Int./Est. o Avvistamenti:

CE-5 Diario 6
Data: _____
Luogo: _____
Ora d'Inizio/Fine: _____

Partecipazione:
_____
_____

Cose da Fare:

_____   _____
_____   _____
_____   _____
_____   _____
_____   _____
_____   _____
_____   _____

Esperienze Int./Est. o Avvistamenti:
_____
_____
_____
_____
_____
_____
_____
_____
_____
_____
_____
_____
_____
_____
_____
_____
_____
_____
_____
_____
_____
_____
_____
_____
_____

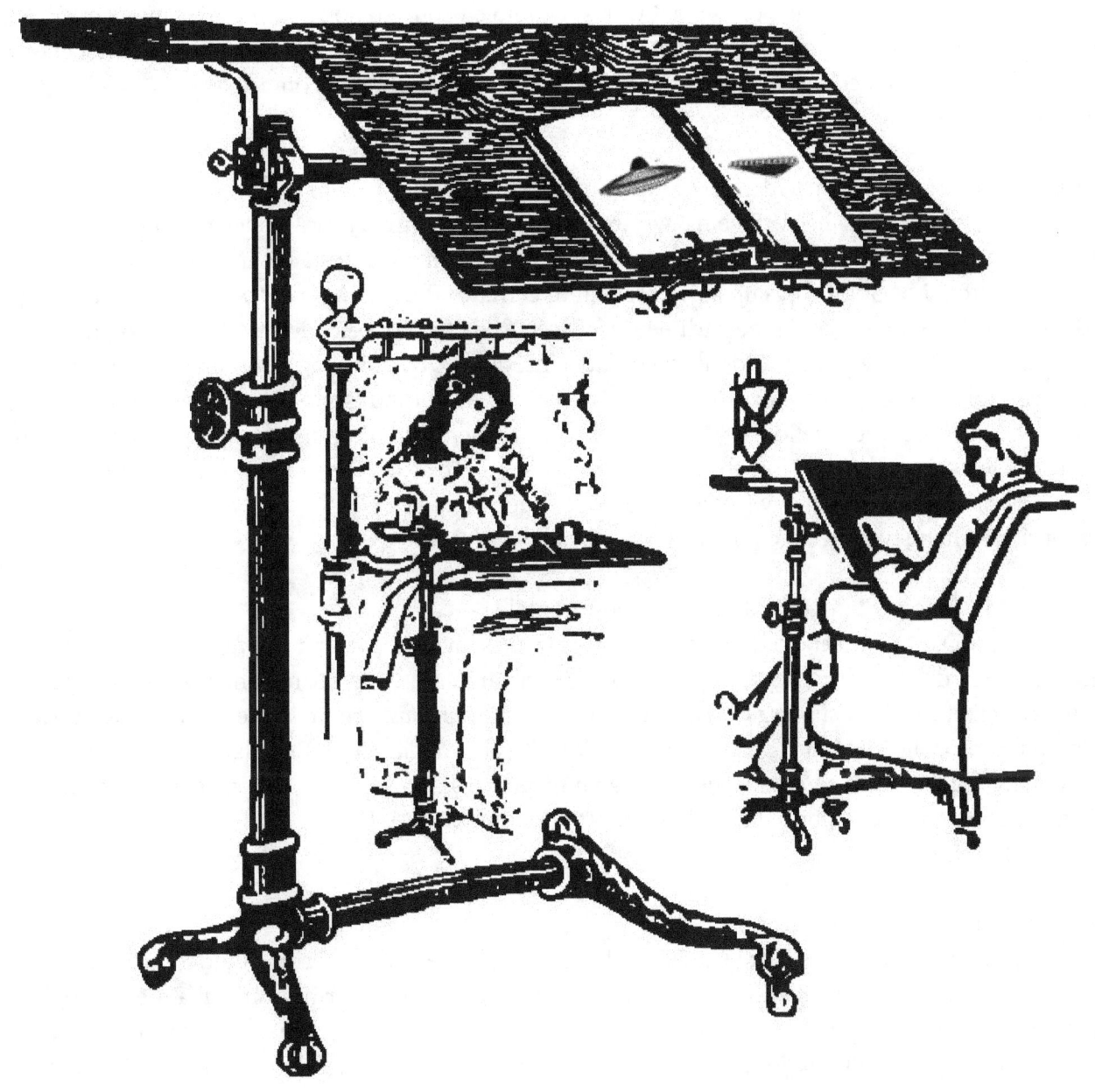

"CHI È CHI NELLO ZOO"

Nel mondo dei Contatti e/o del CE-5 ci sono diversi importanti collaboratori. Molte di queste persone stanno portando avanti gli attuali sforzi per comunicare con l'ET e voi potete unirvi a loro in un ritiro.

Sixto Paz Wells - Spagna e America Latina
Sixto ha fondato Rahma nel 1974, il primo gruppo di contatto ET moderno, strutturato e internazionale. Rahma è stato formato con la missione di collegare le civiltà ET con gli esseri umani nell'interesse del pianeta e dell'umanità. Sixto è noto per aver convocato la stampa internazionale a dieci avvistamenti in anticipo. Il mondo spagnolo dell'ufologia è diverso da quello inglese: le informazioni sulla presenza degli ET sulla terra sono molto più disponibili sul web spagnolo e i contatti sono stati più vicini e diretti. Questo è probabilmente il risultato della struttura del loro linguaggio diretto, chiaro e coerente, che riflette la coscienza della cultura nel suo insieme, e la loro disponibilità al contatto.
http://www.sixtopazwells.com/

Enrique Villanueva - Costa occidentale, Stati Uniti d'America
Enrique si è unito a Rahma nel 1988 e ha avviato un gruppo satellite a Los Angeles nel 2009. Attualmente, Enrique lavora come ipnoterapista professionista in California e ogni estate gestisce un ritiro di contatto a Mt. Shasta, basato sui protocolli di contatto Rahma. Non sappiamo molto di Enrique, quindi lasciamo che questa citazione parli per lui. Dice: "Loro (gli ET) dicono che il contatto più importante non è il contatto con loro, ma il contatto interiore. Una volta raggiunto quel livello, allora il contatto con loro è una conseguenza della vostra preparazione. Quindi sono sempre aperti e aspettano che noi raggiungiamo quel livello e poi scatenano in voi l'esperienza. È un invito ad espandere la nostra coscienza. E loro sono già qui. Non abbiamo bisogno di ambasciatori. Ogni singolo essere umano può essere ambasciatore" https://www.facebook.com/enrique.villanueva.56, http://enriquevillanueva.weebly.com/

Dr. Steven M. Greer - Stati Uniti d'America sud-orientale
Steven Greer, MD, era un medico di pronto soccorso la cui vita ha preso una svolta inaspettata nel mondo degli ET, della corruzione del governo, dell'insabbiamento, delle operazioni segrete, dei veicoli spaziali artificiali, dei dispositivi di energia libera confiscati, dei *whistleblowers* e degli informatori. Ha insegnato il protocollo CE-5 attraverso il gruppo CSETI a partire dal 1990. È brillante, energico e intensamente fedele al suo percorso, che è spesso impegnativo. Ha guidato *The Disclosure Project* nel 2001, ha pubblicato diversi libri e ha anche prodotto due importanti documentari.
http://siriusdisclosure.com/

Lyssa Royal Holt - Arizona, Giappone
Lyssa è stata un membro originale di CSETI negli anni '90 circa e si è trasferita a guidare un team di contatto in Arizona dove lei e il suo gruppo hanno ricevuto maggiori informazioni sulla metodologia di contatto attraverso il suo processo di canalizzazione. Dal 2010 il suo gruppo ha lavorato sull'entrare e lavorare in stati quantici di coscienza. Il suo libro," Preparing *for contact*", è un manuale essenziale che descrive l'intima connessione tra gli avvistamenti e lo sviluppo della coscienza. Potete partecipare a corsi di formazione ed eventi speciali con lei in Arizona, Giappone e altre località.
http://www.lyssaroyal.net/

James Gilliland - Nord-Ovest Pacifico USA
James è il fondatore dell'ECETI (Enlightened Contact with ET Intelligence), che si trova sulla terra ferma nello stato di Washington, dove una lunga storia di avvistamenti di UFO risale a centinaia di anni fa. È altrimenti noto come "Il Ranch", e c'è stato da diversi decenni. Il monte Adams è vicino a questo posto e potrebbe avere una base ET intergalattica all'interno - conosciamo qualcuno che ha visto una porta aperta nella montagna e poi ha visto gli UFO volare dentro e fuori! James è gentile, simpatico e fa un sacco di battute. Per visitare il Ranch bisogna prima richiedere un invito privato - vai al suo sito web http://www.eceti.org/.

Kosta Makreas - Costa occidentale, Stati Uniti d'America
Kosta è il collante del mondo CE-5. Dal 2006 ha creato con successo ET Contact, e lungo il percorso ha dato vita a "*The People's Disclosure Movement*", "*The Global CE-5 Initiative*" e alla ETLet'sTalk Community. La ETLet'sTalk Community conta oltre 20.000 membri in più di 100 paesi. (Per saperne di più su questa importante rete si veda la sezione che descrive la divulgazione tra la gente) Ha dedicato la sua vita a diffondere la consapevolezza e la speranza attraverso i suoi progetti, facilitando l'acquisizione di potere per l'uomo attraverso la comunità. È nobile e con i piedi per terra allo stesso tempo. La sua adorabile compagna Hollis Polk lavora insieme a lui mentre insegna alle persone come riconoscere e sviluppare i loro naturali poteri psichici per creare una migliore esperienza di Contatto ET. Sono una super-coppia da riconoscere. http://etletstalk.com/

<u>Realtà più piccole ma amiamo questi ragazzi</u>

Mark Koprowski - Tokyo, Giappone
Originario del Minnesota, Mark gestisce gli eventi CE-5 in Giappone dal 2013. Ha partecipato a numerosi ritiri di contatto in tutto il mondo e sa chi fa cosa e dove. Mark ha dato al nostro gruppo molti ottimi consigli, molti dei quali sono contenuti in questo manuale e che ci hanno aiutato molto nei nostri progressi. Mark ci ha anche aiutato come collaboratore per questo libro. Se visitate il sito web del suo gruppo o la pagina Facebook, troverete alcuni articoli interessanti, video e rapporti sul campo della CE-5 rilevanti per chiunque pratichi la CE-5 in qualsiasi parte del mondo.
http://www.ce5tokyo.org

Deb Warren - OCSETI (Centro di Okanagan per lo studio dell'intelligenza ET), Canada occidentale
Deb è il nostro mentore della provincia vicina e gestisce il suo gruppo CE-5 a Vernon, BC. L'abbiamo incontrata durante uno dei suoi numerosi tour CE-5 nel Canada occidentale, dove ha trascorso generosamente le sue estati passando da un gruppo all'altro per molti chilometri per condividere le sue conoscenze e fare lavori sul campo con i nuovi arrivati. Ha partecipato a più ritiri del Dr. Greer di quanti se ne possano contare su due mani, e si è sempre resa disponibile gratuitamente per aiuto e sostegno. Le siamo molto grati per tutte le telefonate e le e-mail a cui ha risposto. Ci ha aiutato molto con questo manuale e ha colmato una notevole lacuna nella sezione delle attrezzature.
https://ocseti.wordpress.com/

MEDIA CONSIGLIATI

Libri
- *Preparing for Contact* (Lyssa Royal Holt)
- *Calling on Extraterrestrials* (Lisette Larkins)
- *Paths to Contact* (Jeff Becker)
- *The E.T Contact Experience – CE-5 Handbook* (Peter Maxwell Slattery)
- *Evolution Through Contact* (Don Daniels)
- *Forbidden Truth, Hidden Knowledge* (Steven M. Greer)
- *Contact: Countdown to Transformation* (Steven M. Greer)
- *Unacknowledged* (Steven M. Greer & Steve Alten)
- *Exopolitics: Political Implications Of The Extraterrestrial Presence* (Michael E. Salla)
- *Galactic Diplomacy: Getting to Yes with ET* (Michael E. Salla)
- *Bringers of the Dawn* (Barbara Marciniak)
- *Becoming Gods* (James Gilliland)
- *The Orb Project* (Miceal Ledwith & Klaus Heinemann)
- *From Venus I Came* (Omnec Onec)
- *The Hathor Material* (Tom Kenyon)
- *Secrets of the Lost Mode of Prayer* (Gregg Braden)
- *Walking Between the Worlds* (Gregg Braden)
- *Electrogravitics Systems* (Thomas Valone, PhD.)
- *Love (Leo Buscalia)*
- *Conversazioni con Dio, Libro 4 - Il risveglio della specie* (Neale Donald Walsch)

Podcast
- *CE-5 Minneapolis* condotto da Paul Riedner. 13 episodi prodotti.
- *As You Wish Talk Radio* condotto da James Gilliland.
- *Becoming a Cosmic Citizen* condotto da Sierra Neblina & Don Daniels.
- *Fade to Black* condotto da Jimmy Church.
- *Opens Mind UFO Radio*
- *The Grimerica Show* ospitato da Graham & Darren.
  Graham è stato con il nostro gruppo CE-5 per anni. Lui e Darren sono alla frontiera dell'esplorazione, tuffandosi in una vasta gamma di argomenti affascinanti quali: la coscienza, gli UFO, gli antichi misteri, le realtà alternative, ecc. Il preambolo di ogni intervista vale già solo per le battute e i jingle. Tra gli ospiti ci sono: Stanton Friedman, Jacques Vallee, Richard Dolan, Joseph Farrell. Assicuratevi di ascoltare l'episodio #243 con Grant Cameron e #220 con Kosta e Hollis.

Siti web e YouTube
- **ET Let's Talk** - citato più volte in questo documento, ET Let's Talk ha un tesoro di rapporti CE-5, gruppi CE-5 e altro ancora. ETLet'sTalk presenta anche i webinar di Danny Sheehan. Danny è un avvocato costituzionalista e per l'interesse pubblico, oratore, attivista politico ed educatore. Parla dell'Umanità Cosmica, della meditazione e della coscienza e di argomenti correlati in un programma regolare. http://etletstalk.com/
- **Sirius Disclosure** – Il progetto centrale del Dr. Greer. http://www.siriusdisclosure.com/

- **Centro per lo studio dell'intelligenza extraterrestre (CSETI)** http://www.cseti.org/
- **Contatto illuminato con l'intelligenza extraterrestre (ECETI)** http://www.eceti.org/
- **ECETI Australia** - La risorsa CE-5 sotto la guida di Peter Maxwell Slattery. https://www.ecetiaustralia.org/
- **Peter Maxwell Slattery** - Un altro sito web per Peter. https://www.petermaxwellslattery.com/
- **The Pete N Rae Pathways Show** gli argomenti includono: CE5, Coscienza, intelligenze non umane, e il multi-spettro di fenomeni legati al contatto. https://www.youtube.com/channel/UCEdJ75f6ipFbKdUjGeGzMQQ
- **CE-5 Aotearoa** - Organizzazione senza scopo di lucro con sede in Nuova Zelanda. Eventi neozelandesi e internazionali per la CE-5 e modalità correlate. https://www.ce5.nz/
- **JCETI Giappone** - Centro giapponese per l'intelligence extraterrestre guidato da Greg Sullivan. Giapponese: http://www.jceti.org/ Inglese: http://www.ce5-japan.com
- **Daryl Anka** - Canalizzatore di un'entità ET di nome Bashar. http://www.bashar.org/
- **Tom Kenyon** - Canalizzatore di un gruppo di ET chiamato gli Hathors. http://tomkenyon.com/
- **Dr. Edgar Mitchell** - Un astronauta che ha creato FREE (Fondazione per la ricerca sugli incontri extraterrestri). http://www.experiencer.org/
- **Richard Dolan** - Considerato da molti il principale autore e relatore sul tema UFO oggi. https://www.richarddolanpress.com/
- **Samoiya Shelley Yates** - Questa canadese della costa orientale ha avuto un'esperienza vicina alla morte, dove ha incontrato degli ET che le hanno detto come salvare miracolosamente la vita di suo figlio e aiutare ad ancorare il pianeta in un momento critico, facilitando meditazioni di gruppo che hanno riunito milioni di persone. https://www.youtube.com/watch?v=KHGyu_AXNWg&t=6
- **Grant Cameron** - Ricercatore canadese di UFO ad alta velocità. Interessante, intelligente e divertente. http://www.presidentialufo.com/
- **Michael Schratt** - Black Ops, ARV e UFO. https://www.youtube.com/watch?v=pFWza6LTMrY

Documentari e altri media
- *Unacknowledged* (2017) Il primo documentario da vedere. UFO cover up 101 (Su Netflix).
- *Sirius* (2012) Anche se prodotto in precedenza, guardate questo per secondo. Include i CE-5 e lo studio genetico di un corpo mummificato di un ET. https://www.youtube.com/watch?v=5C_-HLD21hA
- *Contact Has Begun: A True Story with James Gilliland* (2008) https://www.youtube.com/watch?v=V261_HKD4aQ
- *TODO ES ENERGIA* (Tutto è energia)
  Gustavo, un membro del nostro gruppo CE-5 di Calgary, ha un gruppo di lingua spagnola su Facebook che spiega ogni tipo di informazione sulla connessione tra corpo, mente e anima, tra cui: risveglio, cospirazioni, yoga, extraterrestri, Reiki, guarigione prana, cristalli, tarocchi, meditazioni, visione remota, proiezione astrale, sogni lucidi, energia, fisica e meccanica quantistica e agopuntura. Cercate su Facebook con il nome del gruppo per trovare e partecipare. https://www.facebook.com/groups/838503992965283/

GLOSSARIO DEI TERMINI

A
Agenti dis-info: Un bugiardo che accetta denaro per diffondere menzogne per ingannare la gente sulla
agganciare: quando si segnala una nave con un puntatore laser o un riflettore, e loro segnalano di nuovo
aggiornamento: l'energia serve a guarire o a spostare qualcuno in una direzione positiva
alieni: esseri che non sono di "qui"
ambasciatore: un rappresentante di un gruppo
antiche scuole del mistero: organizzazioni che custodiscono e proteggono insegnamenti sacri
Arcturiani: Piccoli esseri avanzati di colore blu verdastro con tre dita e occhi a forma di mandorla
ARV: navi costruite dall'uomo, progettate in retromarcia da UFO schiantati
ascensione: evoluzione spirituale
Aurora boreale: Delizioso spettacolo di luce naturale che si verifica vicino ai poli

B
bio-pausa: Un'interruzione della serata per soddisfare le esigenze biologiche dell'uomo
Black-ops: Progetti militari che stanno assorbendo oscene quantità di dollari delle tasse
Brillamento dell'Iridio: Satelliti che catturavano momentaneamente il riflesso del sole e brillavano in
    modo luminoso

C
campana tibetana: uno strumento musicale tibetano che promuove la meditazione profonda e il
    rilassamento
canalizzazione: Dove qualcuno trasmette la comunicazione da parte di un altro essere (ET o non fisico)
CE-1: Incontro ravvicinato del primo tipo (vedere una nave ET nel raggio di 150 metri)
CE-2: Incontro ravvicinato del secondo tipo (Prova fisica di un atterraggio o di una nave)
CE-3: Incontro ravvicinato del terzo tipo (Vedere un'entità)
CE-4: Incontro ravvicinato del quarto tipo (Interazione con le entità/incontri surreali/abduzioni)
CE-5: Incontro ravvicinato del quinto tipo (comunicazione avviata dall'uomo con l'ET)
celesti: che vengono dal cielo
cerchi nel grano: schemi geometrici nei campi dei contadini con nodi vegetali anomali e rimodellati
chakra del cuore: Centro di energia al cuore
chakra del plesso solare: Centro energetico nella parte superiore dell'addome sopra l'ombelico
chakra della corona: Centro energetico situato nella parte superiore della testa
chakra della gola: Centro energetico alla gola
chakra della radice della: Centro di energia nel corpo alla base del pavimento di spina/pelviso/genitali
chakra sacrale: Centro energetico nel basso addome sotto l'ombelico
chakra: Centri di energia nel corpo che risalgono la colonna vertebrale e salgono attraverso la
    canalizzazione della testa
chiaroveggenza: Percepire qualcosa che va al di là delle normali capacità sensoriali
chiarudienza, la: Sentire qualcosa che va oltre le normali capacità sensoriali
cielo distorto: Aspetto anomalo di una porzione di cielo (Onde di calore, luccicante, più scuro)
chiarogustanza: Assaggiare qualcosa che va oltre la normale capacità
Complesso militare industriale (MIC): Inspiegabile braccio rosso militare del governo degli Stati Uniti
comunicazione esterna: quando si ricevono informazioni da altri esseri che si verificano nella realtà 3D

comunicazione interna: quando si rivecono informazioni da altri esseri che si verificano internamente alla Stazione
Consiglio interplanetario: Un'assemblea di ambasciatori degli ET che fornisce governance e legislazione
corpo astrale: Una parte di te che è energia che può viaggiare indipendentemente dalla rifrazione
corporee leggere: Una parte di te che è energia che può viaggiare indipendentemente dal tuo corpo fisico
coscienza bramigna: Uno stato d'animo uguale al divino incarnato
coscienza: L'amore. O consapevolezza. O espansione. O Dio. O ...
coscienza cosmica: La coscienza collettiva del cosmo stesso dell'universo
cosmos: L'universo, specialmente uno armonioso, ben ordinato
CSETI: Centro per lo Studio dell'Intelligenza Extraterrestre, fondato dal Dr. Steven Greer

D
didgeridoo: Uno strumento musicale australiano a fiato di dimensioni di un ramo cavo
dimensioni: Diverse realtà/mondi, si possono classificare agenti dis-info 3D, 4D, 5D ecc:
divulgazione: Quando la verità su ET viene rivelata
drone corporeo fisico: Un veicolo aereo controllato a distanza da un essere umano a terra

E
ECETI: Contatto illuminato con l'intelligenza extraterrestre - Il gruppo di cercatori di James Gilliland
emissario: Qualcuno inviato in missione speciale, di solito come rappresentante diplomatico
energia gratuita: La capacità di catturare l'energia infinita che ci circonda
energia pranica: Energia universale, forza vitale, energia cosmica
energia: Potenza invisibile in movimento o pulsante, di cosa siamo fatti, come funziona la vita
entità negative: fantasmi, spiriti o energia fastidiosi, spaventosi, irritanti ma in definitiva frivoli
espansione: Descrizione della consapevolezza della propria vera natura
esperienza fuori dal corpo (OBE): consapevolezza consapevole di quando il tuo spirito viaggia fuori dal tuo corpo
Essere Leone: Esseri avanzati con caratteristiche feline e umanoidi
Esseri angelici: Esseri che sono celesti/spirituali/come un angelo
Esseri Aviari: Esseri avanzati, alti, con le piume blu, aviari e umanoidi
esseri celesti: Esseri di altre realtà come gli spiriti, gli angeli, i maestri ascesi
esseri delle stelle: Extraterrestre
ET: Extraterrestre
età dell'oro: L'era futura sulla terra con caratteristiche utopiche
ETLet'sTalk: Sito di networking per persone entusiaste della CE-5
extraterrestre: Un essere che non ha origine dalla terra
extraterrestri negativi: primitivi altri esseri mondani che servono sé stessi

F
famiglia di stelle: Un altro termine per gli extraterrestri, che si riferisce anche a possibili ascendenze condivise
flashbulb: Un piccolo flash nel cielo come quello di una macchina fotografica, come una stella che appare e scompare rapidamente
Fonte: Un altro nome per Dio, Creatore, L'Universo, Brillante Pozzo dell'Infinito, ecc. stazione spaziale
frequenza: La velocità con cui si muovono le nostre parti elementari, dove alte vibrazioni = amore, basse vibrazioni = paura
F.R.E.E.: La Fondazione per la Ricerca sugli Incontri Extraterrestri del Dr. Edgar Mitchell

G
Gaia: Un nome personificato che descrive il nostro pianeta vivente
Grande Spirito: Un termine indigeno per indicare una forza spirituale universale (Creatore, Dio, ecc.)
Griglia di Becker-Hagens: Una griglia che si sovrappone alla terra, dove convergono speciali punti di energia

H
Hathors: Esseri avanzati, umanoidi, maestri del suono, con delicate orecchie a ventaglio

I
Ibrido: Un essere che è in parte umano e in parte altro essere
informatore: qualcuno che racconta gli affari illegali segreti di persone o organizzazioni malvagie
Iniziativa globale CE-5, L': Un movimento che facilita le CE-5 globali unificate mensili
interdimensionalità: Avere la capacità di muoversi tra mondi/realtà/dimensioni
interstellare: "Tra le stelle", spesso usato per indicare un vasto spazio, e che viaggia attraverso il
iper-jump: Viaggiare più veloce della luce

L
lavoro sul campo: Lavoro CE-5 svolto all'esterno in natura
legge di attrazione: Un principio per cui i sentimenti (vibrazione) e il pensiero creano manifestazioni
legge universale: Struttura di base di come funziona la vita (cioè siamo tutti un tutt'uno, si ottiene ciò che si mette fuori)
luce anomala: Una luce che si comporta in un modo che non può essere convenzionalmente spiegato agli

M
maestri ascesi: Esseri che hanno raggiunto l'illuminazione
manifestazione: Il risultato finale della creazione attraverso il pensiero, il potere della parola e dell'azione
mantra: qualcosa che si dice più e più volte per aiutarvi a meditare o a focalizzare
meccanica quantistica: Teoria fisica del comportamento di particelle molto piccole
meditazione: Allenamento della mente a concentrarsi, connettendosi ad un'unica coscienza mentale che si fonde
meditazione trascendentale (TM): Una tecnica di meditazione creata da Maharishi Mahesh Yogi
mente dell'alveare: sistema in cui una collettività pensa all'unisono.
merging: La fusione consensuale con un altro essere
merkabah: Un veicolo di luce divina fatto con l'intenzione di usare la geometria sacra

N
namaste: "il divino in me saluta il divino in te"
non fisici: Spiriti, fantasmi, entità, ecc. Qualsiasi essere che non ha un corpo fisico
NORAD: Comando di Difesa Aerospaziale Nordamericano
Nordics: esseri avanzati simili agli esseri umani caucasici in forma
Nuovo Ordine Mondiale: Un sistema totalitario oppressivo che la Congrega non è riuscita a mettere in atto esseri

O

OCSETI: Centro Okanagan per lo Studio dell'Intelligenza Extra Terrestre
Om: Un mantra sacro nell'induismo e nel buddismo tibetano che significa "il suono dell'universo".
"Orb": Una sfera in movimento di energia e/o luce, che si presenta in molte dimensioni e orientamento di
orbita geostazionaria: In sincronia con la terra (per gli osservatori sotto l'oggetto non c'è movimento)
orientamento: Comprensione della propria posizione in un luogo per le CE-5, sotto il cielo
osservazione del cielo: Guardare il cielo per qualcosa, come gli UFO

P

People's Disclosure Movement, The: Un'organizzazione che promuove la divulgazione da parte della gente
Pleiadiani: Esseri avanzati simili agli esseri umani caucasici in forma
power-up: un globo di luce o di luminosità che appare intorno a una stella, streaker, satellite, imbarcazione
presunta stella: Una stella con caratteristiche anomale che potrebbe essere un UFO
presunto meteorite alias "*streaker*": Una stella cadente che potrebbe essere un UFO
presunto satellite: Un satellite che potrebbe essere un UFO
Progetto di divulgazione, il: Una campagna CSETI che ha divulgato informazioni su ET
protocollo: Un modo prestabilito per eseguire un compito
puja: Canto o preghiera in sanscrito

Q

R

Ranch, Il: Soprannome per l'ECETI
realtà parallela: Uno o più mondi possibili che coesistono separatamente dal nostro
rifrazione atmosferica: scintillio di stelle vicino all'orizzonte dovuto a strati di aurora
Riserva Federale: Una società privata che ha escogitato un modo sanzionato per rubare il vostro denaro
riunificazione con la fonte: Teoria che tutte le parti separate dell'universo si ricongiungeranno
rottura delle nuvole: cercare di modellare o muovere le nuvole con intenzione

S

scaricare l'energia: Energia destinata a guarire, potenziare o aggiornare
scuole del mistero: organizzazioni che custodiscono e proteggono insegnamenti sacri
sensazioni chiarolfattive: Annusare qualcosa che va al di là delle normali capacità
sensazioni chiarosenzienti: Sentire sensazioni non fisiche o energia nel corpo
sincronicità: Non solo coincidenza - un allineamento universale delle circostanze
Sognando lucidamente: Sapere che si sta sognando, mentre si sta sognando
Sonde: Piccole luci che visitano vicino al gruppo che potrebbe raccogliere informazioni
Spaziale Internazionale (ISS): Una stazione di ricerca in orbita attorno allo spazio che contiene persone
stato cerebrale theta: Quando le frequenze delle onde cerebrali sono lente, nella meditazione, nel rilassamento o nel sonno
stato ipnotico: Lo stato transitorio dell'essere mentre ci si addormenta o ci si sveglia
streaker: Una stella cadente che potrebbe essere un UFO
sugli anelli di Saturno: Una stazione spaziale che si ritiene si trovi sugli anelli della stella di Saturno

T

telepatia/comunicazione telepatica: Usare la mente per comunicare/ricevere informazioni
Telescopio Hubble: Uno dei più grandi e versatili telescopi lanciati
telomeri: Tappi di protezione del DNA alla fine dei cromosomi
terzo chakra dell'occhio: centro energetico appena sopra e tra le sopracciglia
toni del cerchio del raccolto: Suoni anomali registrati in un cerchio nel grano
tonificazione: Far suonare una vocale per un periodo di tempo prolungato
trans-dimensionalità: Capacità di muoversi tra le dimensioni

U

UAP: Fenomeni aerei non identificati
UFO: Oggetto volante non identificato
una sola coscienza mentale: La mente dell'alveare, la coscienza collettiva, la sfera del limen, ecc

V

Veicoli di riproduzione aliena (ARV): Navi costruite da esseri umani, progettate a partire da UFO schiantati
Via Lattea: Flusso di stelle in una banda attraverso il cielo, visibile solo in aree molto scure
multidimensionali: esseri che possono muoversi tra le dimensioni
vibrazione: La velocità con cui si muovono le nostre parti elementari, dove alte vibrazioni = amore, basse vibrazioni = paura
visione remota: Un processo che raccoglie informazioni su luoghi distanti da noi tramite le sensazioni.
volantino basso: un UFO volante basso
vortice/vortice: Luoghi speciali di alta energia, o una massa di energia vorticose

W

Z

zenit: La parte del cielo direttamente sopra di voi

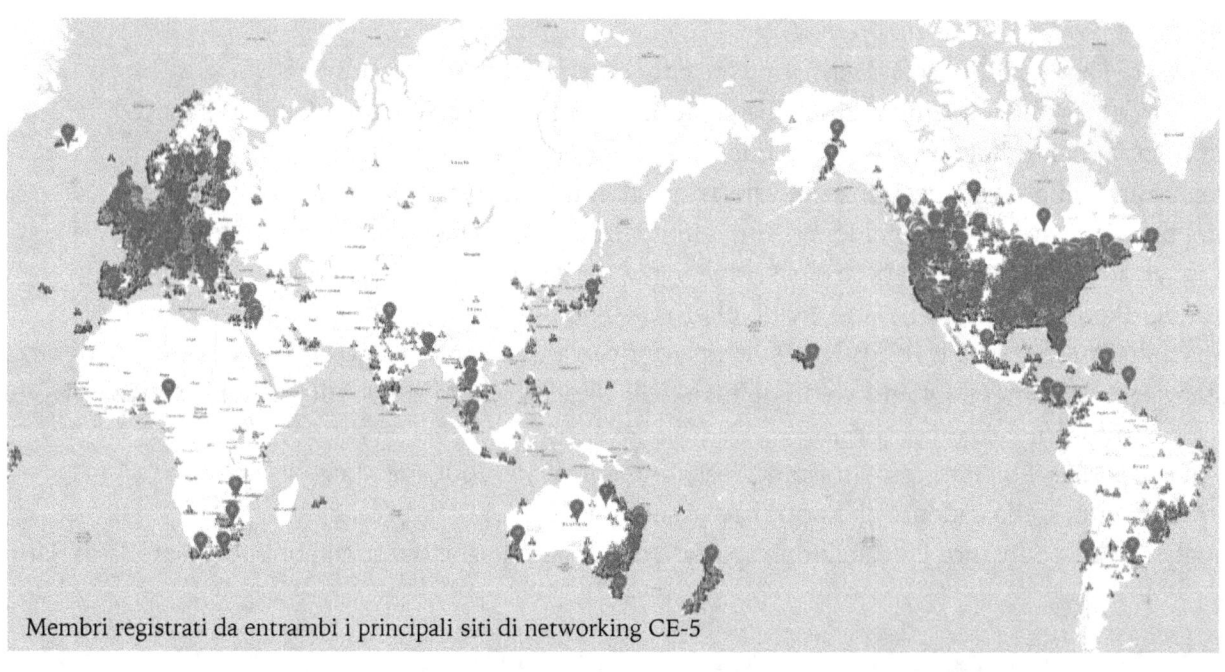

Membri registrati da entrambi i principali siti di networking CE-5

www.ingramcontent.com/pod-product-compliance
Lightning Source LLC
Chambersburg PA
CBHW081413070526
44583CB00020B/2790